AF545796

Mehrfarbig Plotten

Miriam Jug

Mehrfarbig Plotten

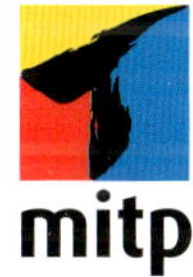

Bibliografische Information der Deutschen Nationalbibliothek

Die Deutsche Nationalbibliothek verzeichnet diese Publikation in der Deutschen Nationalbibliografie; detaillierte bibliografische Daten sind im Internet über https://portal.dnb.de/opac.htm abrufbar.

Bei der Herstellung des Werkes haben wir uns zukunftsbewusst für umweltverträgliche und wiederverwertbare Materialien entschieden.

Der Inhalt ist auf elementar chlorfreiem Papier gedruckt.

ISBN 978-3-7475-0722-3

1. Auflage 2023

www.mitp.de

E-Mail: mitp-verlag@lila-logistik.com

Telefon: +49 7953 / 7189 - 079

Telefax: +49 7953 / 7189 - 082

Fotos: Miriam Jug / POLI-TAPE

Covergestaltung: Sandrina Dralle / Christian Kalkert

Satz: Petra Kleinwegen

Druck: ADverts in Riga, Lettland

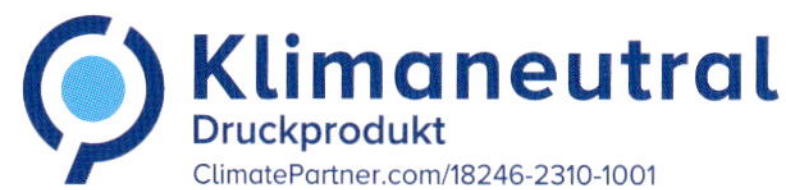

Inhalt

Worum es geht

Das Veredeln und Bedrucken von Textilien mit entsprechenden Textilfolien erfreut sich immer größerer Beliebtheit. Um dir hier eine gute Orientierung sowie hilfreiche Tipps und Tricks an die Hand zu geben, habe ich dieses Buch für dich geschrieben. Es wird dir dabei helfen, deine Textilien mit tollen Designs zu dekorieren und wunderschöne Unikate herzustellen.

Wer schreibt hier?

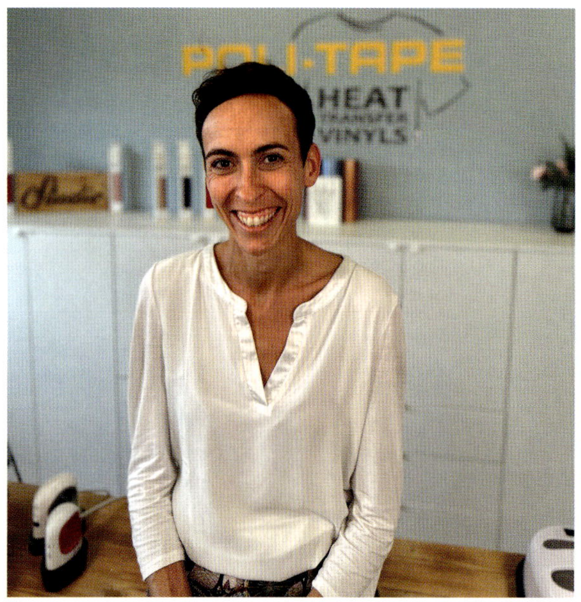

Hallo, mein Name ist Miriam – vielleicht kennst du mich unter meinem Künstlernamen Plottertante. Ich bin seit 2016 vor allem in den sozialen Medien wie Facebook, Instagram und YouTube aktiv, wo ich meinen Followern und Abonnenten die vielfältige Welt des Plottens auf spannende und abwechslungsreiche Weise näher bringe.

Ich arbeite mit allen gängigen Schneideplottern (Brother, Silhouette, Cricut, Siser) sowie der jeweils zugehörigen Software. Ich liebe es, Anfängern und Fortgeschrittenen den Start in dieses wunderschöne Hobby zu erleichtern und stehe mit zahlreichen Tipps und Tricks immer zur Verfügung.

Meine Liebe zu Textilfolien begleitet mich schon seit meinen eigenen »Plotanfängen«. Da ich die selbst genähte Kleidung für mich und meine Kinder aufhübschen wollte, habe ich das Plotten mit Textilfolien begonnen. Vielleicht kennst du ja eines meiner meistgesehenen YouTube-Videos, in dem ich den Unterschied zwischen einzelnen Folien direkt aus meinem damaligen Wohnzimmer heraus erkläre. Der Grundstein für mich und viele andere Plotter-Begeisterte war somit gelegt und die Faszination hat mich seither nicht mehr verlassen.

Da das Know-how und der richtige Umgang mit Textilfolien ein richtig faszinierendes Dauerthema sind, habe ich beschlossen, mein Wissen nicht nur über Videos und Livestreams, sondern auch als Buch mit dir zu teilen. So hast du ein wunderbares Nachschlagewerk, in dem du immer wieder in aller Ruhe nachlesen kannst.

Dieses Buch ist sowohl für Anfänger als auch Fortgeschrittene ein hilfreiches Werk und du wirst sehr viel Information, Kniffe und Tricks sowie Anregungen und Inspiration für dich finden!

Wer designt hier?

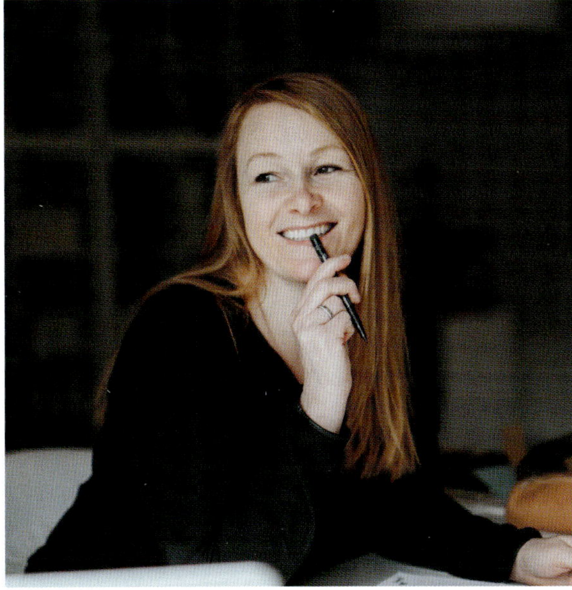

Hallo, ich bin Annett und ich stecke hinter dem Label GroWi Design. GroWi setzt sich aus meinem Nachnamen Große-Wilde zusammen. Das passt perfekt zu mir und meinen Designs, denn von Anfang an stand für mich fest, dass mein Label groß und wild werden soll.

Meine Designs sind cool und niedlich zugleich und ich habe eine ausgeprägte Liebe zu Details und mag es mal gerade, mal verschnörkelt.

Inspirieren lasse ich mich bei meiner kreativen Arbeit sowohl durch meine Kinder als auch durch meine Reisen. Eine perfekte Mischung, um mit kindlicher Fantasie in die Welt der Natur und Tiere einzutauchen. Besonders liebe ich den Wald, wobei eine Prise Meeresluft oft nicht fehlen darf. Daher findest du bei mir neben vielen maritimen Motiven auch viele freche und coole Waldtiere!

Ganz allgemein: Was sind Textilfolien?

Bevor wir uns die unterschiedlichen Textilfolien genauer ansehen, ist es wichtig zu verstehen, was Textilfolien eigentlich sind.

Ich verzichte dabei bewusst darauf, zu sehr in die chemische und technische Tiefe zu gehen – unser Fokus liegt auf dem kreativen Gestalten. Dennoch ist es wichtig, Grundsätzliches einmal gehört bzw. gelesen zu haben.

Und los geht's

Textilfolien sind spezielle Folien, die in erster Linie auf Textilien aufgebracht werden können. Wie du später noch sehen wirst, sind aber auch Anwendungen auf anderen Oberflächen wie Holz, Papier etc. möglich.

Textilfolien bestehen, grob ausgedrückt, aus drei Teilen:

- Dem Liner bzw. der Transferfolie
- Der Folie selbst
- Dem Heißschmelzkleber

Der Liner / die Transferfolie

Der Liner, auch Transferfolie genannt, ist eine durchsichtige oder manchmal auch milchige Folie, die dazu dient, die eigentliche Folie (Flex, Flock, Effektfolie etc.) auf das Textil zu übertragen.

Der hitzebeständige Liner kann (leicht) selbstklebend sein. Das hilft beim Schneiden als auch beim Entgittern und ermöglicht ein einfaches Repositionieren des Designs.

Beim Verarbeiten mit einem Schneideplotter wird die Folie mit dem Liner nach unten auf der Schneidematte befestigt. Dies ist auch der Grund, warum das Motiv gespiegelt geschnitten wird (dazu später mehr).

Die Folie

Direkt auf dem Liner befindet sich die eigentliche Folie, die man nutzen möchte. Oft ist der Effekt einer Folie erst nach dem Verarbeiten so richtig zu sehen (z.B. bei der PEARL GLITTER, wo die Glitzerpartikel erst so richtig zur Geltung kommen, wenn der Liner nach dem Aufpressen abgezogen / entfernt wird).

Der Heißschmelzkleber

Der Heißschmelzkleber ist die dritte und letzte Schicht, aus der eine Folie besteht. Der Heißschmelzkleber ist es, der bestimmt, auf welchen Untergründen eine Folie aufgebracht werden kann. Denn die Eigenschaften des Klebers geben vor, bei welcher Hitze und mit wie viel Zeit eine Folie verpresst werden muss, um sich optimal mit dem Untergrund zu verbinden.

Exkurs – darum wird das Design gespiegelt

Wenn du jetzt gut aufgepasst hast, dann verstehst du nun auch, warum deine Designs beim Arbeiten mit Textilfolien vor dem Schneiden gespiegelt werden müssen.

Da du die Folien mit dem Liner nach unten auf deiner Schneidematte fixierst (der Heißschmelzkleber schaut also nach oben), schneidet dein Plotter die Folie von hinten. Später, wenn du alle Folienteile, die du nicht übertragen möchtest, entfernt (entgittert) hast, positionierst du dein Motiv auf deinem Textil. Dazu drehst du die Folie um 180 Grad und der Liner schaut nun nach oben. Der Heißschmelzkleber befindet sich direkt auf dem Textil. Genau diese 180-Grad-Drehung ist der Grund, warum deine Motive vor dem Schneiden gespiegelt werden müssen.

Damit du dir das besser vorstellen kannst, hier noch Grafiken zur Veranschaulichung für dich:

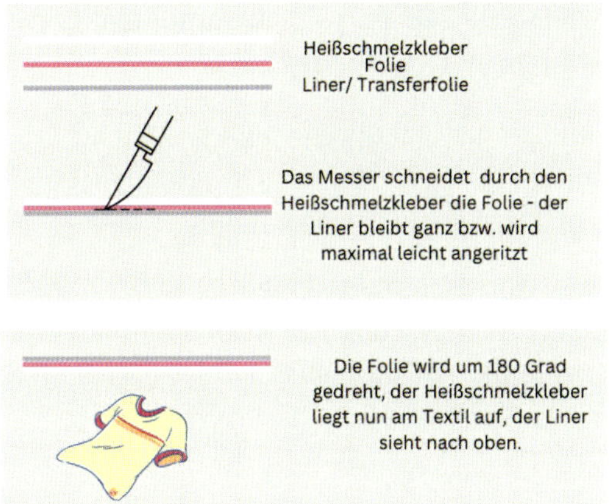

Selbst Stanzen (von guter Qualität) lassen sich einsetzen, um aus Textilfolien kleine und große Motive auszustanzen und am gewünschten Textil aufzupressen. Deiner Fantasie und Kreativität sind hier wirklich kaum Grenzen gesetzt!

Auch wenn eine Verarbeitung mit Schere und Co. möglich ist, werden die meisten dennoch gerne auf einen Schneideplotter zurückgreifen. Ein Schneideplotter ist schnell, genau und kann selbst filigrane und komplexe Motive perfekt schneiden. Die Einarbeitung in die Software der Geräte sowie die Handhabung der Plotter selbst sind mit relativ wenig Aufwand erlernt und die Freude über die individuell erstellten Projekte ist groß.

Damit auch du Freude mit deinem Plotter und vor allem bei der Verarbeitung von Textilfolien hast, wirst du in diesem Buch zahlreiche schöne Projekte mit vielen Tipps und Tricks finden!

Bügeleisen, Hand- und Transferpressen

Das Design ist ausgesucht, die Folien erfolgreich geschnitten und entgittert. Aber wie bekommst du diese nun auf das Textil transferiert?

Textilfolien sind ja unter verschiedenen Namen bekannt, so werden diese auch Heißtransferfolien, Wärmeübertragungsfolien oder auch Bügelfolien genannt. Wobei das Wort Bügelfolie etwas irreführend ist, da es nicht reicht, diese Folien aufzubügeln, sie müssen schon mit ordentlich Druck aufgepresst (nicht aufgebügelt) werden.

Damit sich Textilfolie wirklich gut mit dem Untergrund verbinden kann, müssen drei Parameter beachtet werden:

- Hitze
- Anpresszeit
- Druck

Wichtig dabei ist ein ebener Untergrund, auf den du ausreichend Druck ausüben kannst wie z.B. ein Holzbrett, der Fliesenboden oder Ähnliches (ein Bügelbrett ist nicht geeignet).

Bügeleisen

Grundsätzlich kannst du auch mit einem Bügeleisen Textilfolie anbringen. Bedenken solltest du dabei nur, dass die oben genannten Parameter nicht optimal sichergestellt werden können und es durchaus vorkommt, dass sich Folien nach einem oder mehrmaligen Waschen wieder ablösen.

Gründe dafür sind:

- Das Bügeleisen kann nicht exakt auf die nötige Temperatur eingestellt werden.
- Die Hitzeverteilung eines Bügeleisens ist ungleichmäßig – im Innenbereich am heißesten und nach außen hin weniger heiß.
- Wo sich Dampflöcher befinden, wird kein Druck ausgeübt.
- Das Bügeleisen kann durch den angewandten Druck kaputtgehen.
- Durch mehrmaliges Ansetzen des Bügeleisens bei Motiven, die größer als die Fläche des Bügeleisens sind, ist es schwierig, sicherzustellen, alle Stellen mit der entsprechenden Zeit und Hitze getroffen zu haben.

Handpressen

Handpressen sind eine gute und relativ günstige Alternative zu einem Bügeleisen. Diese zeichnen sich dadurch aus, dass sie eine gleichmäßige Hitzeverteilung sicherstellen und die nötige Temperatur einfach und unkompliziert eingestellt werden kann.

Als Zubehör sind beim Kauf entsprechende Unterlagen beigefügt oder können zusätzlich gekauft werden.

Der Druck wird mit der eigenen Kraft aufgewandt. Das kann, je nach der körperlichen Voraussetzung, meist gut bewerkstelligt werden und führt zu guten Ergebnissen.

Vorteil solcher Handpressen ist das leichte Gewicht, das schnelle Her- und Wegräumen sowie eine platzsparende Aufbewahrung.

Beim Aufpressen muss darauf geachtet werden, dass eine Planlage des Textils und der zu verpressenden Folie gewährleistet und der Druck gleichmäßig ausgeübt wird.

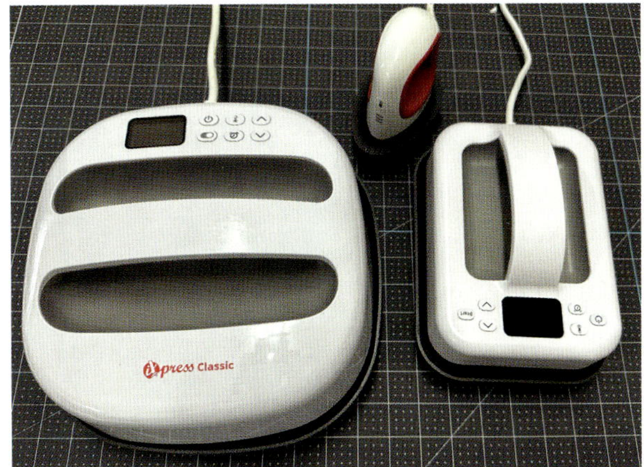

Transferpressen

Wer es sich noch einfacher machen möchte, der kann sich eine Transferpresse zulegen.

Diese gibt es in unterschiedlichen Ausführungen und Preiskategorien.

Es ist schwierig, eine Empfehlung für ein konkretes Modell auszusprechen. Es lohnt sich jedoch, wenn du dir die unterschiedlichen Bautypen (Clam-Presse, Schwenkpresse sowie pneumatische Pressen) ansiehst, zu überlegen, auf welche Annehmlichkeiten du nicht verzichten möchtest (z.B. ein modulares System, bei dem sich die Basisplatten und/oder Heizplatten nach Bedarf austauschen lassen), und nachzufragen, ob Einzelteile bei Bedarf ausgetauscht werden können etc.

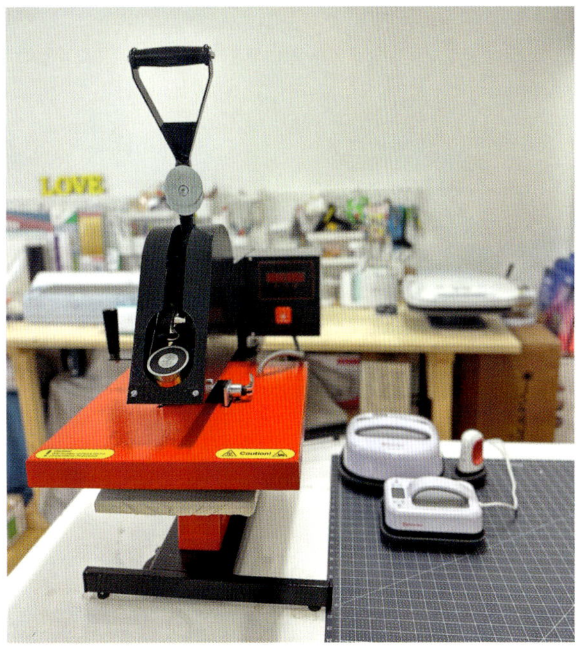

Mithilfe von Transferpressen kann man am effektivsten und effizientesten arbeiten, benötigt aber auch mehr Platz.

Sind alle Folien gleich? Woran sind qualitativ hochwertige Textilfolien zu erkennen?

Wie in allen Bereichen, so gibt es natürlich auch bei Textilfolien qualitative Unterschiede. Doch wie erkennst du sie?

Auf den ersten Blick lässt sich das nicht immer feststellen, aber beim Verarbeiten (Schneiden, Entgittern) und später beim Waschen zeigen sich mitunter große Unterschiede.

Um hier von vornherein Frust zu vermeiden, lohnt es sich, Folien im gut sortierten Fachhandel zu beziehen, Beschreibungen und Bewertungen zu lesen und zu testen, bevor du dir große Mengen an Folien zulegst.

Folienproduktion und wichtige Faktoren

Für mich persönlich ist die Wahl der richtigen Folie essenziell! Daher habe ich mich ausführlich mit diesem Thema beschäftigt und liste dir meine wichtigsten Kriterien auf:

- Wo wird produziert?
- Welche Rohstoffe werden eingesetzt?
- Welche Zertifizierungen hat die Folie?
- Wie ist die Haptik?
- Wie ist die Optik?
- Wie gut lässt sich die Folie verarbeiten?
- Wie gut lässt sich die Folie verpressen?
- Welche Textilien / Oberflächen kann ich veredeln?
- Verpressparameter
- Farbauswahl
- Sortiment
- Wie ist die Waschbeständigkeit?
- Ist die Folie trocknergeeignet?
- Wer ist der Hersteller dieser Folie und welche Werte vertritt diese Firma?

In diesem Buch verwende ich Folien von POLI-TAPE

Eine Firma, die für mich alle wichtigen Kriterien erfüllt, ist die Firma POLI-TAPE mit Sitz in Remagen / Deutschland.

Bei meiner Recherche nach Informationen über Textilfolien bin ich 2018 auf diesen Hersteller qualitativ hochwertiger Textilfolien aufmerksam geworden. Seit meiner ersten Kontaktaufnahme hat sich eine enge Zusammenarbeit und dauerhafte Kooperation entwickelt und ich kann diese Folien uneingeschränkt und von Herzen empfehlen.

Aus diesem Grund habe ich mich dafür entschieden, für alle in diesem Buch beschriebenen Projekte Folien von POLI-TAPE einzusetzen. Zum einen kann ich auf diese Weise einen umfassenden Einblick in die vielfältige Welt der Textilfolien geben und zum anderen erhältst du einen guten Überblick darüber, wann welche Folie einzusetzen ist und wie sich unterschiedliche Folienarten kombinieren lassen. So kannst du alles einfach und bequem nacharbeiten.

Selbstverständlich kannst du alle hier enthaltenen Projekte auch mit den Folien deiner Wahl umsetzen.

Achte dann aber bitte auf die jeweiligen Angaben der Folienhersteller, denn jede Folie braucht andere Verpressparameter, um richtig verarbeitet werden zu können.

Meine wichtigsten Kriterien, warum ich Folien von POLI-TAPE nutze

- Produktion in Deutschland / hohe Qualität
- Oeko-Tex Standard 100 zertifiziert (schadstofffrei und gesundheitlich unbedenklich)
- V-Label (vegane Produkte)
- Hervorragende Schneide- und Entgittereigenschaften
- Matte und reflexionsfreie Oberfläche (PREMIUM, TURBO) für eine hochwertige Haptik und Optik
- Ausgezeichnetes Foliensortiment für unterschiedlichste Ansprüche / Textileigenschaften
- Großes Farbsortiment
- Sehr gute Waschbeständigkeit / Trocknereignung

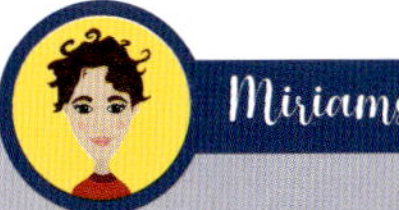

Miriams Tipp:

Ist ein Textil oder eine Textilfolie mit dem Label »Oeko-Tex Standard 100« ausgezeichnet, kannst du sicher sein, dass keine Schadstoffe enthalten sind und das Produkt gesundheitlich unbedenklich ist.

Auf welchen Textilien / Untergründen kann ich Textilfolien einsetzen?

Textilien

Generell kannst du fast alle gängigen Textilien mit Textilfolien veredeln. Wichtig ist, darauf zu achten, woraus dein Textil besteht (siehe dir dazu das Label genau an) und die entsprechend dafür geeigneten Folien auszuwählen.

Textilien mit besonderen Herausforderungen können z.B. sein:

- Sublimierte Funktionskleidung / Trikots / Softshell
- Fleece
- (Kunst-)Leder
- Imprägnierte Stoffe (Regenjacken, Regenschirme)
- Hitzeempfindliche Stoffe

Damit du dich nach und nach zum richtigen Folienprofi entwickelst, werde ich einige dieser Textilien bei den Projekten vorstellen. Du lernst dabei nicht nur, wann du welche Folien auswählst, sondern erstellst ganz nebenbei auch ganz wunderbare und abwechslungsreiche Projekte.

Holz, Papier, Karton, SnapPap und Co.

Textilfolien lassen sich nicht nur auf T-Shirts, Pullovern, Hosen und dergleichen anbringen. Du kannst diese auch für andere (nicht zu raue) Oberflächen einsetzen.

Zu meinen liebsten Anwendungen neben Textilien gehören Holz und etwas festeres Papier.

Auch hier gilt es, beim Aufpressen der Folien im Vorfeld ein paar Überlegungen anzustellen, um schöne Resultate zu erzielen.

Natürlich lasse ich dich auch hier nicht allein und habe mir passende Projekte ausgedacht, die wir gemeinsam umsetzen werden.

Wissenswertes, bevor es losgeht

Klassifizierung von Textilfolien

Vermutlich hast du bereits gehört, dass man allgemein zwischen drei unterschiedlichen Folienarten unterscheidet: Flexfolien, Flockfolien und Effektfolien.

- **Flexfolien** sind dünne, glatte Folien und können als Standardfolien bezeichnet werden. Sie gibt es in vielen Farben und sie werden zusammen mit den Flockfolien am häufigsten eingesetzt.
- **Flockfolien** erkennt man an ihrer samtenen und flauschigen Oberfläche (Velours).
- **Spezialfolien** sind Folien mit speziellen Effekten. Dies können Glitzerfolien, Glitterfolien und Folien mit weiteren Effekten sein.
- **Sublimationsfolien** sind ein Spezialfall. Da Sublimation und Umgang mit Sublimationsfolien ein eigenes großes Thema darstellen, möchte ich sie hier zwar erwähnen, werde aber in diesem Buch nicht weiter auf sie eingehen.

Diese Folien sehen wir uns genauer an:

- Flexfolien:
  - POLI-FLEX PREMIUM
  - POLI-FLEX TURBO
- Flockfolie:
  - TUBITHERM FLOCK
- Spezialfolien
  - POLI-FLEX PEARL GLITTER
  - POLI-FLEX GLITTER
- 3D-Effekt:
  - POLI-FLEX DIMENSION
- Holografische Folien:
  - POLI-FLEX STARFLEX
- Reflektierende Folien
- Spiegelfolien:
  - z.B. POLI-FLEX MIRROR (BRILLIANT)
- Designfolien:
  - z.B. LUMINOUS, CHALKBOARD und Co.

Grundlagen des einfarbigen und mehrfarbigen Plottens

Allgemeines

Bevor wir uns nun in all die wunderschönen Projekte stürzen, möchte ich dir noch die wichtigsten Grundlagen zum Arbeiten mit Textilfolien mitgeben.

Damit du alles Wichtige erfährst und auch ausprobieren kannst, enthält das Buch auch einfachere Designs, mit denen du beginnen kannst. Wenn du dich dann wohler fühlst und etwas Übung hast, kannst du dich auch an mehrfarbige Dateien wagen und unterschiedliche Folienarten miteinander kombinieren.

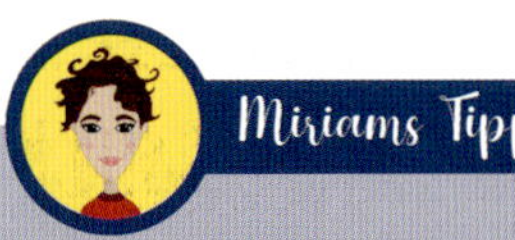

Miriams Tipp:

Jedes hier enthaltene Design kann natürlich immer auch einfarbig umgesetzt werden. Die Mehrfarbigkeit ist nur eine Option, die du nutzen kannst, wenn du das möchtest.

Bist du schon erfahren, ist der Beginn mit einfarbigen Motiven nicht nötig. Beginne einfach mit einem Motiv, das dich besonders anspricht. Selbstverständlich lassen sich die hier mehrfarbig angelegten Projekte auch einfarbig umsetzen. Ändere einfach alles so, wie es dir am besten gefällt – alles ist möglich!

Einfarbig plotten

Die einfachste Variante, mit Textilfolien zu arbeiten, ist, ein einfarbiges Motiv umzusetzen. Du suchst dir einfach eine Folie deiner Wahl sowie ein Motiv aus, schneidest es mit deinem Plotter und achtest beim Aufpressen darauf, dass du die richtigen Parameter (Hitze, Zeit, Druck) verwendest.

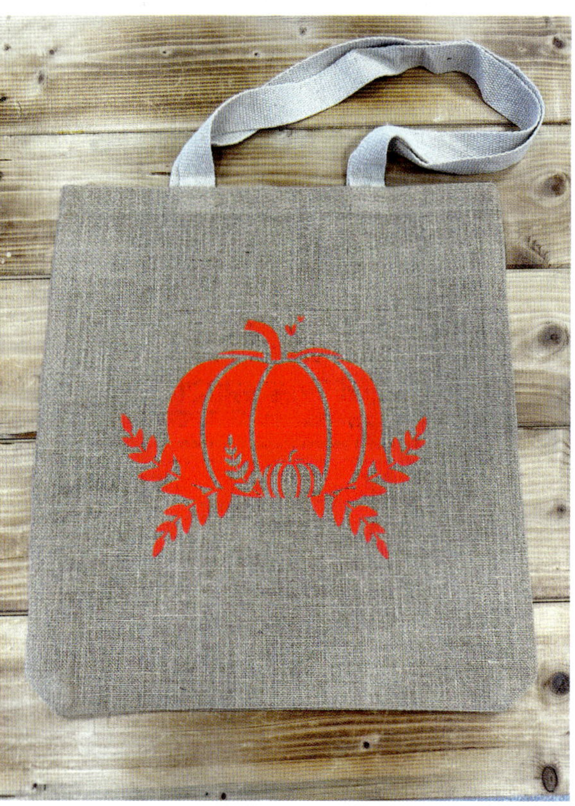

Mehrfarbig plotten

Beim mehrfarbigen Plotten gibt es etwas mehr zu beachten. Aber auch hier liegt es an dir, wie komplex dein Projekt gestaltet werden soll. Je nach Motiv, das du mehrfarbig umsetzen möchtest, kannst du dich dafür entscheiden, einlagig (einschichtig) oder mehrlagig (mehrschichtig) zu arbeiten. Du entscheidest, ob du unterschiedliche Folienarten (Flex, Flock, Glitzer etc.) miteinander kombinieren oder dich auf eine Folienart beschränken möchtest. Je nachdem, wie du dich entscheidest, musst du auf unterschiedliche Dinge achten, um dein Motiv erfolgreich und dauerhaft aufzupressen.

Bevor wir beginnen, möchte ich dir die hier wichtigsten Begrifflichkeiten erklären. Etwas mehr in die Tiefe gehen wir dann bei den einzelnen Projekten.

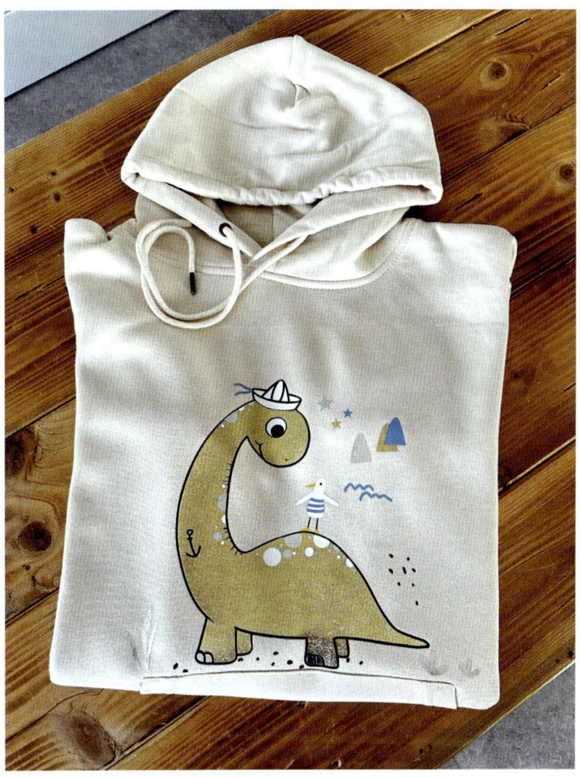

Mehrfarbig, aber einlagig (einschichtig) plotten

Beim einlagigen (einschichtigen) Plotten wird das Design so aufbereitet, dass sich jede Folie, die zum Einsatz kommt, direkt mit dem Textil bzw. dem Untergrund verbindet.

Hast du z.B. ein Smiley mit einem gelben Körper und schwarzem Gesicht, so würdest du beim einlagigen Arbeiten den gelben Bereich vom schwarzen abziehen und die gelbe als auch die schwarze Folie direkt auf der Textiloberfläche aufpressen.

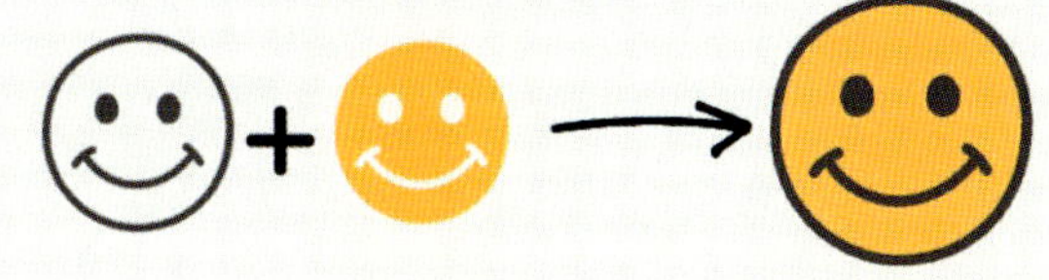

Vorteil bei dieser Variante ist, dass die Folien ineinander verarbeitet werden und du – auch beim Einsatz vieler Farben und Folien – am Ende nur eine Lage auf deinem Textil angebracht hast. Ein Nachteil ist, dass es zu »Blitzern« kommen kann. Das bedeutet, dass das Textil zwischen den Folien durchblitzen kann.

Mehrfarbig und mehrlagig (mehrschichtig) plotten

Beim mehrlagigen (mehrschichtigen) Plotten wird das Design so aufbereitet, dass du Folie auf Folie presst (schichtest). Wenn wir bei unserem Smiley bleiben, bedeutet dies, dass du eine große schwarze Fläche auf deinem Textil anbringst und danach den gelben Körper auf die schwarze Folie aufpresst.

Ein Vorteil dieser Variante ist, dass du auf diese Weise mögliche »Blitzer« vermeidest. Der Nachteil ist, dass dein Design je nach Anzahl der eingesetzten Folien schnell zu dick wird und der Tragekomfort darunter leiden kann. Bei Objekten, die man nicht anzieht, stört eine mehrlagige bzw. geschichtete Anbringung natürlich weniger.

Zusätzlich solltest du darauf achten, welche Folien sich (nicht) schichten lassen. Dazu erfährst du mehr, wenn wir die entsprechenden Projekte gemeinsam umsetzen.

Textilien vorbereiten

Bevor es ans Aufpressen der Folien geht, ist es wichtig, das Textil optimal für die Veredelung vorzubereiten. Bestimmt hast du dich schon gefragt, ob man gekaufte T-Shirts, Pullis, Hosen etc. vorwaschen muss oder ob es darüber hinaus weitere Dinge zu beachten gibt.

Vorwaschen

Auch wenn es dir natürlich freisteht, deine Textilien vor der Veredelung zu waschen, so ist dies für einen erfolgreichen Transfer nicht nötig.

Solltest du dich für ein Vorwaschen entscheiden, verwende keinesfalls Weichspüler. Dieser wirkt auf dem Textil wie eine Imprägnierung und verhindert, dass sich der Heißschmelzkleber der Textilfolie mit dem Stoff verbinden kann. In der Folge wird sich dein Motiv nach dem Waschen wieder ablösen. Ist die Folie erfolgreich angebracht und der Heißschmelzkleber mit dem Textil verankert, kannst du zum Waschen auch wieder Weichspüler verwenden.

Vorpressen

Du solltest auf jeden Fall vor dem Aufpressen von Textilfolien den Bereich deines Textils, auf dem die Folien angebracht werden sollen, ein paar Sekunden vorpressen. So verdampfen die eventuell im Textil enthaltenen Paraffine oder Imprägnierungen, die Restfeuchtigkeit wird entfernt und die Oberfläche geglättet. Dein Textil ist somit ideal für die Veredelung vorbereitet und du kannst auch schon loslegen.

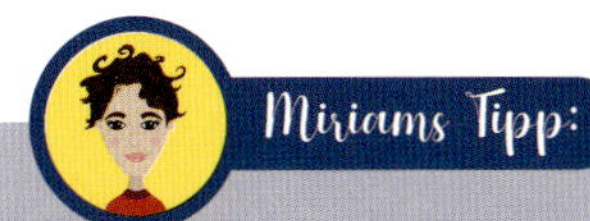

Hat dein Textil störende Nähte, Knöpfe oder Reißverschlüsse, verwende beim Vor- und vor allem beim Aufpressen der Folien ein Ausgleichskissen.

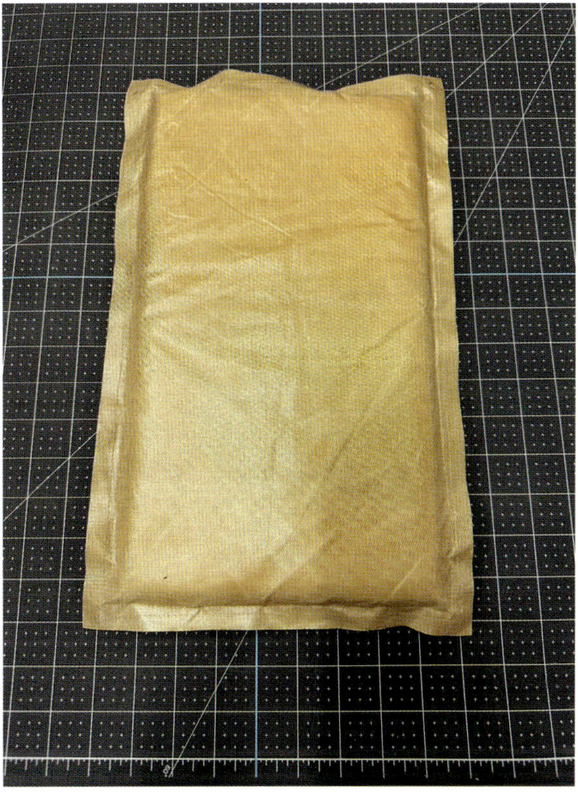

Richtige Verankerung

Nach dem Aufpressen ist es wichtig, dass du dem Heißschmelzkleber noch mindestens 24 Stunden Zeit gibst, sich richtig mit dem Textil zu verbinden, bevor du das Textil wäschst.

Dies stellt sicher, dass sich die Folien nicht wieder ablösen.

Folienkunde

Jetzt wird es richtig bunt und ich freue mich, nach der Folienkunde all die schönen Designs von Annett von GroWidesign mit dir umzusetzen!

Zunächst stelle ich dir die unterschiedlichen Folien von POLI-TAPE vor, damit du einen guten Überblick darüber hast, welche Folien es gibt und worin sie sich unterscheiden. So kannst du dich bei deinen zukünftigen Projekten für die passenden Folien entscheiden.

Im Anschluss daran erkläre ich dir anhand von 18 Projekten, worauf du beim Veredeln achten solltest, habe wertvolle Tipps und Tricks für dich zusammengetragen und zeige dir von einfachen, einfarbigen Plots bis hin zu mehrfarbigen Umsetzungen eine große Bandbreite an Verarbeitungs- und Kombinationsmöglichkeiten.

Bist du bereit? Dann kann es losgehen!

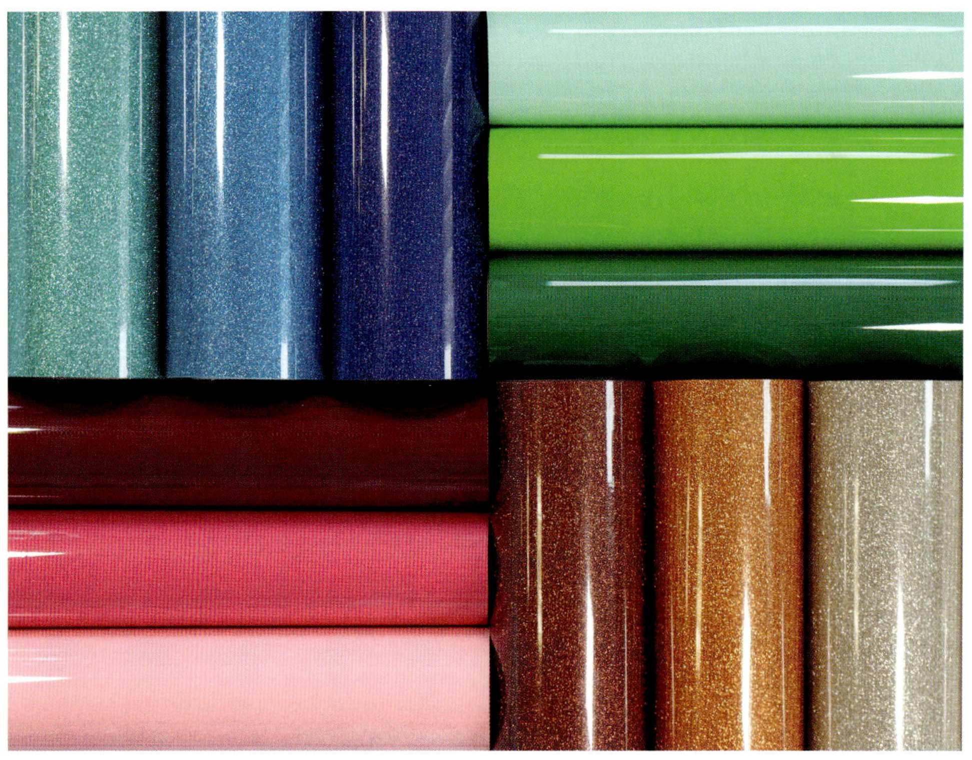

Flexfolie

Den Begriff Flexfolie hast du in Teil 1 bereits kennengelernt. »Klassische« Flexfolien haben eine glatte, unstrukturierte Oberfläche. Je nach Hersteller kann diese Folie nach dem Aufpressen (leicht) glänzend oder matt sein. Die Flexfolien von POLI-TAPE zeichnen sich bei den Standardfarben durch ein sehr edles, mattes Finish aus, das ich persönlich den glänzenden gegenüber bevorzuge.

Hier hast du zwei unterschiedliche Serien, die du nutzen kannst:

- POLI-FLEX PREMIUM
- POLI-FLEX TURBO

POLI-FLEX PREMIUM

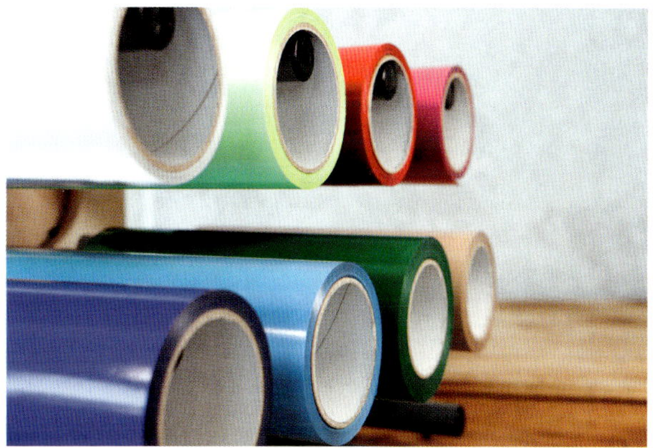

Die POLI-FLEX-PREMIUM-Serie ist die Standardserie von POLI-TAPE. Derzeit findest du hier 41 Standardfarben, 7 Neonfarben, 3 Metallic- und 4 Glossy- (speziell glänzende) Varianten. Diese Folien sind mit ca. 0,1 mm sehr dünn und weisen daher einen hohen Tragekomfort auf. Geeignete Textilien, die du damit aufhübschen kannst, bestehen aus Baumwolle, Mischgewebe Polyester / Baumwolle, Polyester bzw. Acryl.

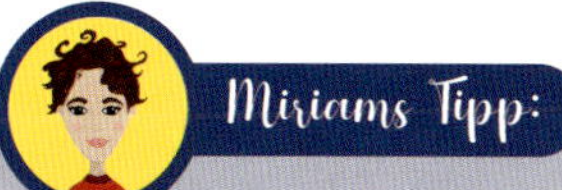

Schau dir immer die Labels deiner Textilien an, damit du dir die richtige Folie passend zu deinem Textil auswählen kannst.

Zum Schneiden empfiehlt sich eine 45-Grad-Klinge (das sind die Standardmesser: Feinschnittklinge bei Cricut, Automatikmesser bei Brother SDX und auch das Automatikmesser bei Silhouette-Schneideplottern).

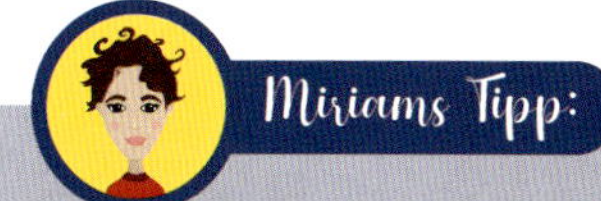

Textilfolien werden in der Regel von hinten (von der Heißschmelzkleberseite) geschnitten. Das ist der Grund, warum du deine Motive vor dem Schneiden spiegeln musst.

Hast du dein Design geschnitten und entgittert, kannst du dieses nun auf dein Textil aufpressen.

Die POLI-FLEX PREMIUM benötigt folgende Einstellungen:

- Hitze: 160 Grad
- Zeit: 15 Sekunden
- Druck: 2,5 – 3 bar

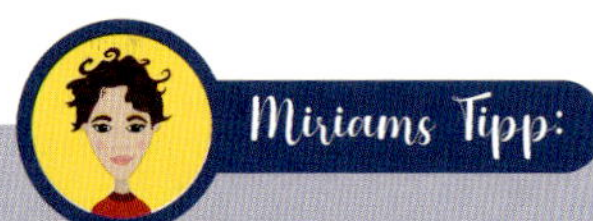

Neben der gleichmäßigen Hitze und Zeit ist ausreichend Druck wichtig, damit sich die Folie nicht wieder ablöst. Beim Verwenden von Handpressen oder eines Bügeleisens musst du wirklich Kraft aufwenden und fest pressen.

Die Trägerfolie ist bei diesen Folien warm abzuziehen. Außer bei den Neonfarben: Hier wird die Trägerfolie lauwarm bis kalt abgezogen!

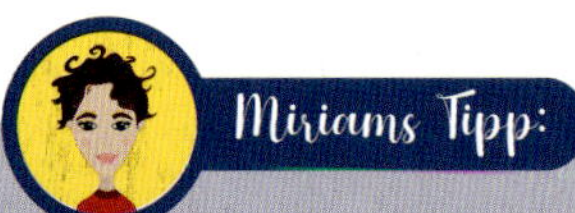

Ziehst du Folien, deren Träger lauwarm / kalt abgezogen werden müssen, zu früh ab, sieht es so aus, als würde sich der Heißschmelzkleber nicht mit dem Textil verbinden. Presse in so einem Fall noch einmal nach, lasse alles abkühlen und entferne erst dann den Träger.

Ein spannendes Thema ist die Mehrfarbigkeit bzw. die Frage, ob und welche Folien sich schichten, also übereinander pressen lassen.

Bei den POLI-FLEX-PREMIUM-Folien kannst du alle Standardfarben nach Lust und Laune geschichtet verarbeiten. Bei den Metallic-, Bright- und Neonfarben musst du darauf achten, dass diese nur als oberste Schicht angebracht werden sollen. Möchtest du also unterschiedliche Folien dieser Farben in einem Motiv kombinieren, solltest du einlagig arbeiten.

Die POLI-FLEX PREMIUM kann mit bis zu 80 Grad gewaschen werden, ist Trockner-geeignet sowie chemisch reinigungsbeständig. Um die Folie zu schützen, solltest du das Textil vor dem Waschen auf links drehen.

POLI-FLEX TURBO

Die POLI-FLEX-TURBO-Serie ist die »neue Generation Flexfolie« von POLI-TAPE. Neue Generation deshalb, weil diese Folien mit deutlich schonenderen Parametern verarbeitet und aufgepresst werden können. Daher sind diese Folien für noch mehr (sensible) Textilien und Untergründe geeignet.

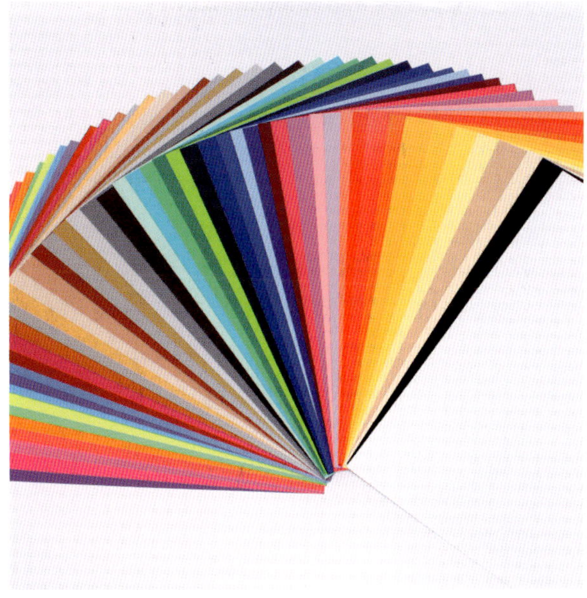

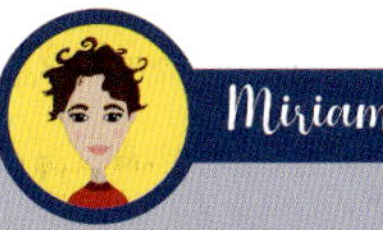

POLI-FLEX TURBO kann für alle Textilien, für die sich auch die POLI-FLEX PREMIUM eignet, eingesetzt werden. Darüber hinaus auf Materialien wie (Kunst-)Leder, sublimiert gefärbte Textilien (dazu später mehr), Regenschirme etc.

Derzeit findest du hier 36 Standardfarben, 8 Neonfarben, 6 Metallic- und 10 Bright-Varianten. Die Folien sind mit ca. 0,095 mm sehr dünn und weisen daher einen hohen Tragekomfort auf. Geeignete Textilien, die du damit aufhübschen kannst, bestehen aus Baumwolle, Polyester, nicht-imprägniertem Nylon, Mischgewebe aus Polyester/Baumwolle und Polyester-Acryl. Zum Schneiden empfiehlt sich eine 45-Grad-Klinge.

Bei der POLI-FLEX-TURBO-Folie hast du zwei Einstellungsmöglichkeiten:

- Hitze: 160 Grad
- Zeit: 3 Sekunden
- Druck: 2,5 – 3 bar

- Hitze: 130 Grad
- Zeit: 5 Sekunden
- Druck: 2,5 – 3 bar

Der große Vorteil dieser Folie ist, dass sie bereits bei niedriger Temperatur und wenig Zeit eingesetzt werden kann. Dies ist der Grund, warum du diese POLI-FLEX-TURBO-Folien für so viele unterschiedliche und auch empfindlichere Untergründe und Textilien verwenden kannst – und das bei wahrer Zeit- und Energieersparnis!

Vor speziellen Anwendungen empfiehlt es sich immer, einen Test durchzuführen. Dafür eignen sich kleine, nicht oder kaum sichtbare Stellen (z.B. die Innenseite einer Jacke oder Tasche), auf die du ein kleines Stück Folie anbringen kannst.

Die Trägerfolie ist bei diesen Folien warm abzuziehen. Außer bei den Neonfarben: Hier wird die Trägerfolie lauwarm bis kalt abgezogen!

Wie bei der POLI-FLEX-PREMIUM-Serie kannst du hier alle Standardfarben geschichtet verarbeiten. Die Neon-, Bright- und Metallicfarben können jeweils als letzte Schicht verpresst werden. Wenn du mehrere Folien dieser Farben in einem Motiv kombinieren möchtest, solltest du einlagig arbeiten.

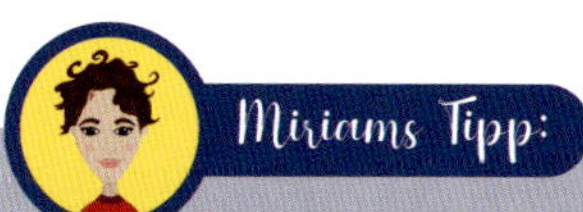

Viele Farben der POLI-FLEX-PREMIUM- und der POLI-FLEX-TURBO-Serie sind optisch identisch. Du kannst sie aber dennoch gut unterscheiden, solltest du dir unsicher sein: Die Heißschmelzkleber-Seite der POLI-FLEX TURBO ist glänzend, die der POLI-FLEX PREMIUM matt.

Die POLI-FLEX TURBO kann bis zu 60 Grad gewaschen werden, ist Trockner-geeignet und chemisch reinigungsbeständig. Um die Folie zu schützen, solltest du das Textil vor dem Waschen auf links drehen.

Exkurs: Farbmigration bei sublimierten Textilien (z.B. Trikots, Softshell, Regenschirme)

Ich möchte dir den Prozess der Farbmigration so einfach wie möglich erklären, damit du grundlegend verstehst, bei welchen Textilien du auf eine mögliche Farbmigration achten musst (bei Textilien mit hohem oder 100%igem Anteil von Polyester relevant).

Was sind sublimierte Textilien?

Das ist schnell erklärt. Textilien mit hohem Polyesteranteil können durch ein bestimmtes Verfahren – die Sublimation – gefärbt werden. Spezielle Sublimationstinten werden mittels Hitze und Druck gasförmig und so direkt in den Stoff eingedampft. Viele Trikots oder auch Softshell werden häufig auf diese Weise gefärbt.

Worauf muss man bei sublimierten Textilien achten?

Wenn du nun ein sublimiert gefärbtes Textil mit Textilfolien veredeln möchtest, verursachst du beim Anpressen der Folie eine erneute Hitzeeinwirkung auf das Textil. Durch die Hitze können die Farbpartikel des eingefärbten Textils reaktiviert werden und zu »wandern« beginnen.

Zur Erinnerung: Die Sublimationstinten werden durch hohe Hitze gasförmig und in das Textil eingedampft. Eine weitere Hitzeeinwirkung kann einen abgeschwächten Prozess der Farbpigmentwanderung auslösen bzw. die Farbpartikel aktivieren.

Das kann zur Folge haben, dass diese Farbpartikel über die Zeit (das kann Wochen bis Monate dauern) durch die von dir aufgepressten Folie(n) wandern und sie verfärben. Dann ist deine weiße Zahl auf deinem schwarzen Trikot am Ende mit mehr oder weniger schwarzen Punkten übersät und sieht gar nicht mehr schön aus.

Wie kann man Farbmigration vermeiden?

Genau hier können die POLI-FLEX-TURBO-Folien eine mögliche Lösung sein. Denn diese können wie bereits beschrieben bei nur 130 Grad und 5 Sekunden verarbeitet werden. Das ist deutlich weniger Hitze und Zeit, die auf das Textil einwirkt, und auf diese Weise wird die Farbmigration wenig bis gar nicht aktiviert.

Da aber jedes Textil unterschiedlich sublimiert, mal mit mehr, mal mit weniger Tinte gefärbt wird, kann zwar POLI-FLEX TURBO eine sehr gute Lösung darstellen, aber auch dieser Folie sind natürlich Grenzen gesetzt. Es kann auch hier zu einer sichtbaren Verfärbung der Folien durch Farbmigration kommen.

Selbstverständlich gibt es für solche Fälle weitere Lösungen. So empfiehlt es sich, bei starker Farbmigration Blockout-Folien zu verwenden (POLI-FLEX BLOCKOUT SOFT). Diese verfügen über eine zusätzliche Sperrschicht, die das Durchdringen der Farbpigmente verhindert und dafür sorgt, dass die Folie dauerhaft ihre schöne Farbe behält.

Test: Stärke der Farbmigration

Damit du ganz einfach feststellen kannst, ob dein polyesterhaltiges Textil mit POLI-FLEX TURBO veredelt werden kann oder ob du auf eine Blockout-Folie zurückgreifen solltest, kannst du folgenden Test durchführen.

1. Schneide dir einen Streifen Textilfolie zurecht, ziehe die Flexfolie ab und lege den durchsichtigen Polyesterträger auf dein zu testendes Textil.

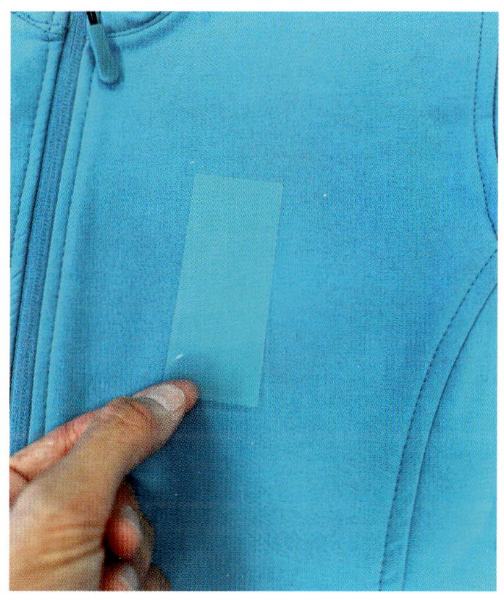

2. Presse diesen Streifen nun mit einer Transferpresse bei 130 Grad 5 bis 10 Sekunden lang.

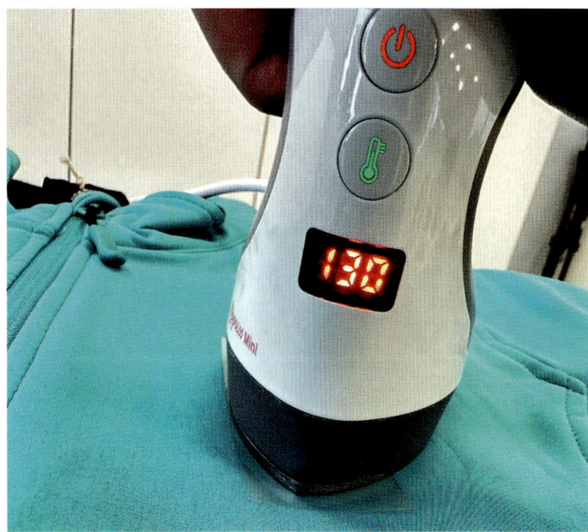

3. Lege deinen gepressten Streifen auf einen hellen Untergrund wie ein Stück Kopierpapier oder eine andere helle Oberfläche. So kannst du leicht feststellen, ob dein Teststreifen keine, wenige oder viele Farbpigmente aufgenommen hat. Bei kaum sichtbaren Farbpunkten, wie in meinem Fall, kannst du POLI-FLEX TURBO zum Veredeln einsetzen.

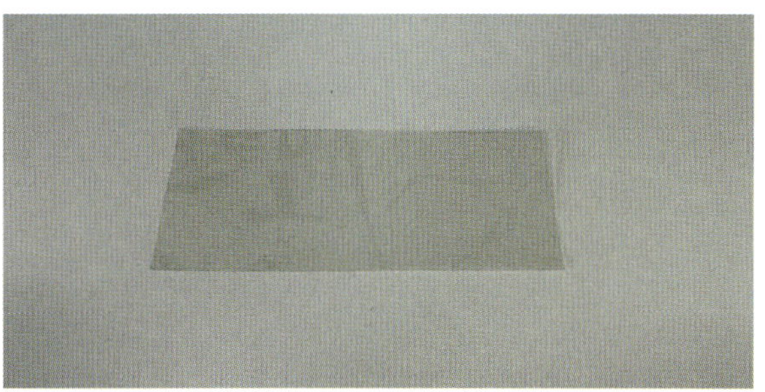

Flockfolie

TUBITHERM FLOCK heißt die wunderschön flauschige Flockfolie von POLI-TAPE. Du kennst sicher diese samtene, velourartige Haptik dieser Folien.

Derzeit findest du 25 Standardfarben, 6 Neonfarben, eine Blockout-Flockfolie in Weiß sowie eine sublimierbare Flockfolie. Die Flockfaserlänge dieser Folien beträgt ca. 0,5 mm. Die Flockfasern bestehen bei den Standardfarben aus Viskose, bei den Neonfarben aus Polyamidfasern. Geeignete Textilien, die du damit aufhübschen kannst, bestehen aus Baumwolle, Baumwolle/Polyester-Mischgewebe sowie Natur- und Synthetikstoffen.

Zum Schneiden empfiehlt sich eine 60-Grad-Klinge, wobei ich auch mit den Schnittergebnissen meiner 45-Grad-Klingen zufrieden bin.

Die TUBITHERM-FLOCK-Folie benötigt folgende Einstellungen:

- Hitze: 160 Grad
- Zeit: 15 Sekunden
- Druck: 2,0 bar

Wichtig bei der Anbringung dieser Folie ist, dass du nicht zu starken Druck anwendest. Zu viel Druck presst die Flockfasern nach unten und der wunderschöne Flockeffekt ist nicht mehr vorhanden.

Wenn du deine Flockfasern wiederbeleben bzw. neu aufrichten möchtest, kannst du das ganz einfach mit Wasserdampf erreichen.

Die TUBITHERM-FLOCK-Folie kann mit bis zu 60 Grad, die Neonfarben bis zu 40 Grad (bitte nur Color- und Feinwaschmittel verwenden) gewaschen werden und ist chemisch reinigungsbeständig. Um die Folie zu schützen, solltest du das Textil vor dem Waschen auf links drehen.

Die Trägerfolie ist bei der TUBITHERM-FLOCK-Folie lauwarm abzuziehen. Warte lieber etwas länger als zu kurz. Dass du hier geringfügig mehr Kraft beim Abziehen als bei den Flexfolien benötigst, ist ganz normal.

Aufgrund der Flockfasern ist die TUBITHERM-FLOCK-Folie nicht zum Schichten geeignet, kann aber durchaus als letzte Folie obenauf verpresst werden.

Möchtest du mehrere TUBITHERM-FLOCK-Folie in einem Motiv einsetzen, so solltest du einlagig arbeiten.

Spezialfolien

Nachdem du dir die eher klassischen Folien bereits genauer angesehen hast, kommen wir nun zu den Spezialfolien und ganz besonderen Effekten.

POLI-FLEX PEARL GLITTER

Die POLI-FLEX PEARL GLITTER ist der Hingucker schlechthin! Wie der Name schon vermuten lässt, kommen hier alle Glitzerfans ganz auf ihre Kosten. Die Oberfläche der POLI-FLEX PEARL GLITTER funkelt, blinkt und glänzt, denn sie besteht aus unzähligen Glitzerpartikeln.

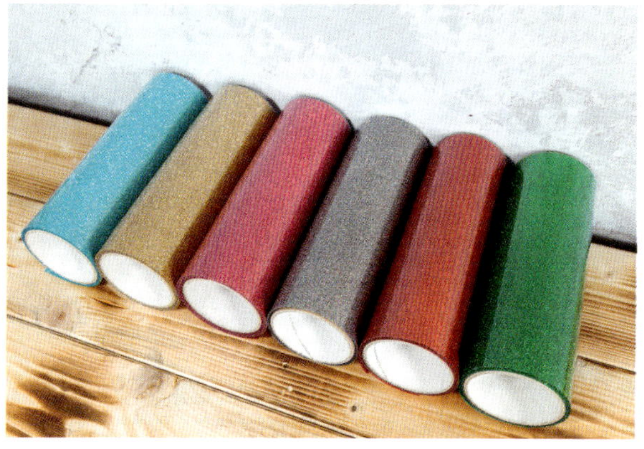

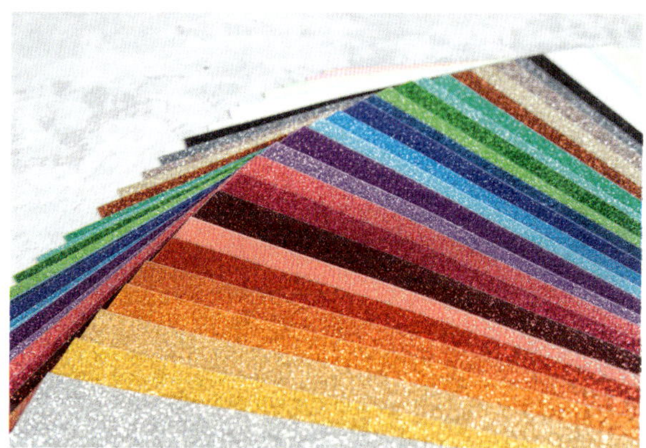

Derzeit findest du hier 29 Standardfarben sowie 6 Neonfarben. Die Folien sind mit ca. 0,34 mm etwas dicker bei dennoch komfortabler Tragequalität. Sie sind geeignet für Baumwolle, Mischgewebe Polyester/Baumwolle und Polyester/Acryl. Zum Schneiden empfiehlt sich eine 60-Grad-Klinge, wobei ich auch mit den Schnittergebnissen mit meinen 45-Grad-Klingen zufrieden bin. Die Trägerfolie ist bei der POLI-FLEX PEARL GLITTER warm abzuziehen.

Die POLI-FLEX PEARL GLITTER benötigt folgende Einstellungen:

- Hitze: 160 Grad
- Zeit: 15 Sekunden
- Druck: 2,5 bar

Wie auch die TUBITHERM-FLOCK-Folie eignet sich die POLI-FLEX PEARL GLITTER nicht zum geschichteten Verarbeiten. Aufgrund der Glitzerpartikel ist eine dauerhafte Verankerung weiterer Folien nicht möglich. Selbstverständlich kannst du diese Folien aber immer als letzte Schicht aufpressen. Möchtest du mehrere POLI-FLEX-PEARL-GLITTER-Folien in einem Motiv einsetzen, so solltest du auch hier einlagig arbeiten. Die POLI-FLEX PEARL GLITTER kann bis zu 60 Grad gewaschen werden und ist Trockner-geeignet. Um die Folie zu schützen, solltest du das Textil vor dem Waschen auf links drehen.

POLI-FLEX GLITTER

Die POLI-FLEX-GLITTER-Serie enthält zwar ebenfalls Glitzerpartikel, diese sind aber nicht wie bei der POLI-FLEX PEARL GLITTER an der Oberfläche verankert, sondern in die Folie eingearbeitet.

Derzeit findest du hier 13 wunderschöne Glitter-Farben. Die Folien sind mit ca. 0,1 mm sehr dünn und weisen daher einen hohen Tragekomfort auf. Geeignete Textilien sind Baumwolle, Mischgewebe Polyester/Baumwolle und Polyester/Acryl. Zum Schneiden empfiehlt sich eine 45-Grad-Klinge. Die Trägerfolie ist bei der POLI-FLEX GLITTER warm abzuziehen.

Die POLI-FLEX GLITTER benötigt folgende Einstellungen:

- Hitze: 160 Grad
- Zeit: 15 Sekunden
- Druck: 3,5 bar

Bei der POLI-FLEX GLITTER kannst du alle Folien nach Belieben auch geschichtet verarbeiten. Sie ist bis zu 60 Grad waschbar, ist Trockner-geeignet und chemisch reinigungsbeständig. Um die Folie zu schützen, solltest du das Textil vor dem Waschen auf links drehen.

POLI-FLEX STARFLEX

Die POLI-FLEX STARFLEX ist eine holografische Effektfolie. Da es sich hier um eine starre Folie mit einer Polyesterschicht handelt, empfehle ich, diese Folie mit Bedacht einzusetzen. Aufgrund der Steifheit (du merkst direkt beim Anfassen der Folie den Unterschied), eignet sich diese Folie weniger für großflächige Anwendungen. Diese sind theoretisch umsetzbar, doch für Kleidung nur bedingt zu empfehlen, da nicht gerade bequem zu tragen. Wunderbar eignet sich die POLI-FLEX STARFLEX hingegen für Akzente oder wenn das Design aus kleineren Einzelteilen besteht. Dann bleibt das Textil auch bei einem größeren Plot gut beweglich und durch den holografischen Effekt entstehen richtig schöne und besondere Hingucker.

Derzeit findest du in dieser Serie 12 Farben mit holografischem Effekt. Die Folien sind mit rund 0,11 mm sehr dünn und weisen einen guten Tragekomfort auf. Geeignete Textilien bestehen aus Baumwolle, Mischgewebe Polyester/Baumwolle sowie Polyester/Acryl. Zum Schneiden empfiehlt sich eine 45-Grad-Klinge. Die Trägerfolie ist bei der POLI-FLEX STARFLEX kalt abzuziehen.

Die POLI-FLEX STARFLEX benötigt folgende Einstellungen:

- Hitze: 160 Grad
- Zeit: 15 Sekunden
- Druck: 3,5 bar

Die POLI-FLEX STARFLEX ist nicht zum geschichteten Verarbeiten geeignet.

Möchtest du mehrere POLI-FLEX STARFLEX-Folien in einem Motiv einsetzen, so solltest du einlagig arbeiten.

Die POLI-FLEX STARFLEX kann bis zu 40 Grad gewaschen werden und ist Trockner-geeignet. Um die Folie zu schützen, solltest du das Textil vor dem Waschen auf links drehen. Aufgrund der Steifheit der Folie kann es beim Waschen zu einem mechanischen Abrieb kommen.

POLI-FLEX BRILLIANT (MIRROR)

Die POLI-FLEX BRILLIANT (MIRROR) ist eine kleine feine Folienserie, die durch ihre spiegelnde Oberfläche besticht. Die brillante Anmutung wirkt besonders edel und elegant.

Die Serie umfasst derzeit 5 Farben. Drei davon – Brilliant Gold, Brilliant Silver und Brilliant Copper – bestehen aus einer Polyesterschicht. Sie sind daher starrer (ähnlich den STARFLEX-Folien) und etwas anders in ihrer Verarbeitung. Die Oberfläche bleibt auch nach mehrmaligen Pressvorgängen brillant und spiegelglänzend.

Die beiden übrigen Folien dieser Serie 4212 Gold und 4213 Silver verfügen nicht über eine Polyesterschicht. Auch sie haben eine glänzende Oberfläche, diese verändert sich aber bei mehrmaligem Pressen. Mit diesem Effekt lässt sich ein einzigartiges Finish oder auch eine ganz besondere Struktur erzielen.

Als Beispiel dienen die folgenden Abbildungen:
Links: Bei einmaligem Verpressen entsteht ein sich spiegelnder Effekt.
Rechts: Bei mehrmaligem Verpressen nimmt die Folie mehr und mehr die Struktur des Textils auf und bekommt eine ganz besondere und dennoch glänzende Struktur.

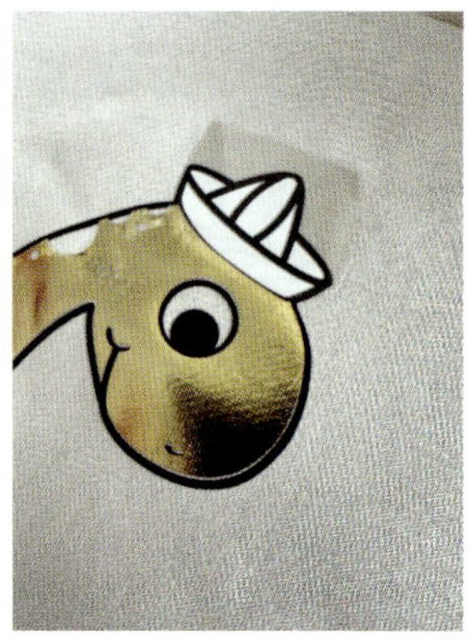

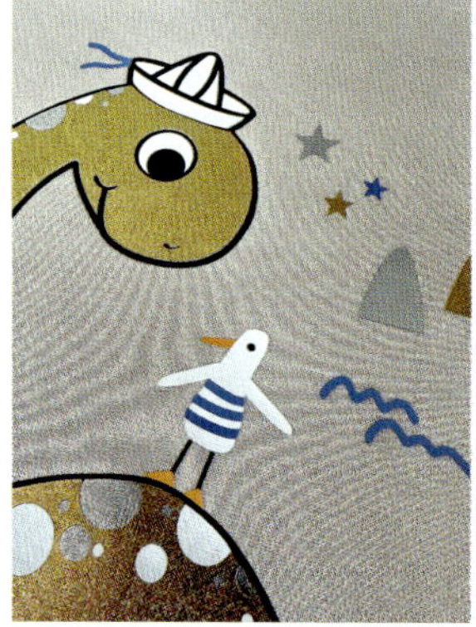

Die drei Brilliant-Folien sind mit ca. 0,11 mm relativ dünn und weisen einen hohen Tragekomfort auf. 4212 Gold und 4213 Silver sind mit ca. 0,055 mm noch dünner. Geeignete Textilien sind Baumwolle, Mischgewebe Polyester/Baumwolle und Polyester/Acryl. Zum Schneiden empfiehlt sich wie immer eine 45-Grad-Klinge.

POLI-FLEX BRILLIANT (MIRROR) sowie 4212 Gold und 4213 Silver benötigen folgende Einstellungen:

	POLI-FLEX BRILLIANT (MIRROR)	4212 Gold / 4213 Silver
• Hitze:	160 Grad	160 Grad
• Zeit:	15 Sekunden	15 Sekunden (+3 Sek. nachpressen)
• Druck:	3,5 bar	2,5 – 3,0 bar

Die Trägerfolie ist bei der BRILLIANT (MIRROR) kalt abzuziehen. 4212 Gold und 4213 Silver sollten zumindest auf Raumtemperatur abgekühlt sein.

Die POLI-FLEX BRILLIANT (MIRROR) ist nicht zum geschichteten Verarbeiten geeignet. Möchtest du mehrere MIRROR-Folien in einem Motiv einsetzen, solltest du einlagig arbeiten. Die BRILLIANT (MIRROR) sollte von Hand gewaschen, das Textil dabei auf links gedreht werden. 4212 Gold und 4213 Silver können bis zu 40 Grad gewaschen werden und sind Trockner-geeignet. Um die Folie zu schützen, solltest du das Textil vor dem Waschen auf links drehen.

POLI-FLEX DIMENSION

Die POLI-FLEX DIMENSION ist, wie der Name bereits vermuten lässt, eine dickere Folie, mit der sich 3D-Effekte erzeugen lassen. Das Oberflächenfinish ist matt.

Derzeit findest du hier 8 Farben. Die Folien sind mit ca. 0,6 mm die dicksten Folien, die ich dir vorstelle. Durch diese Dicke kannst du die Folie für einzigartige 3D-Effekte einsetzen. Geeignete Textilien, die du damit aufhübschen kannst, bestehen aus Baumwolle, Mischgewebe Polyester/Baumwolle, Polyester/Acryl. Zum Schneiden empfiehlt sich eine 60-Grad-Klinge, mit der man am besten zweimal schneidet.

Die POLI-FLEX DIMENSION benötigt folgende Einstellungen:

- Hitze: 160 Grad
- Zeit: 25 Sekunden
- Druck: 3 bar

Die Trägerfolie ist bei der POLI-FLEX DIMENSION kalt abzuziehen. Wende hier zunächst mäßigen Druck an, damit du den 3D-Effekt maximal ausnutzen kannst und die Folie nicht zu stark nach unten gedrückt wird und so ihren Effekt verliert.

Die folgenden Abbildungen verdeutlichen den Unterschied zwischen einer richtigen und einer zu stark verpressten Anwendung. Links: Die dunkelgrüne POLI-FLEX DIMENSION wurde zu stark nach unten gepresst, der 3D-Effekt ist kaum noch zu sehen. Rechts: Die Folie wurde mit korrektem Druck aufgepresst, der 3D-Effekt kommt sehr gut zur Geltung.

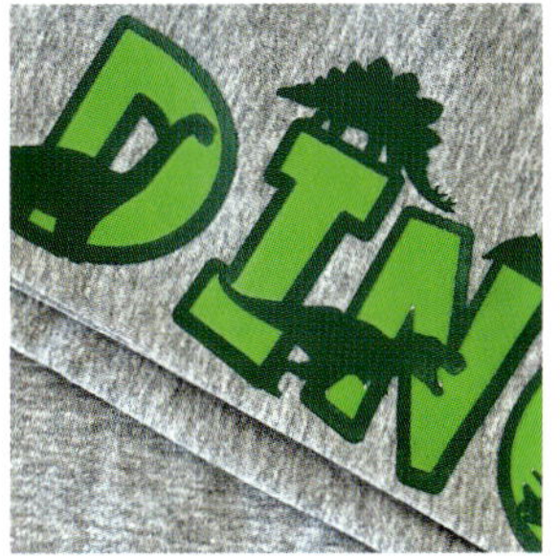

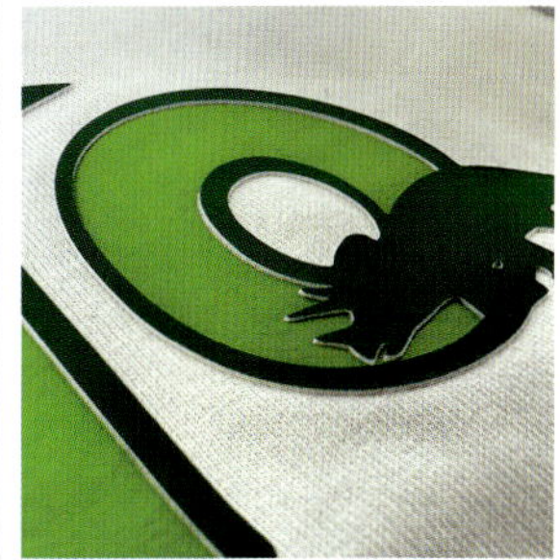

Die POLI-FLEX DIMENSION ist nicht zum geschichteten Verarbeiten geeignet.

Möchtest du mehrere POLI-FLEX-DIMENSION-Folien in einem Motiv einsetzen, solltest du einlagig arbeiten. Die Folie kann bis zu 60 Grad gewaschen werden. Wie immer solltest du das Textil vor dem Waschen auf links drehen.

Tafelfolie: POLI-FLEX CHALKBOARD

Obwohl es sich um eine Textilfolie handelt, besitzt die POLI-FLEX CHALKBOARD die Eigenschaften einer Tafel. Du kannst diese Folie viele Male mit Kreide beschreiben. Gereinigt wird sie ganz einfach mit einem feuchten Tuch.

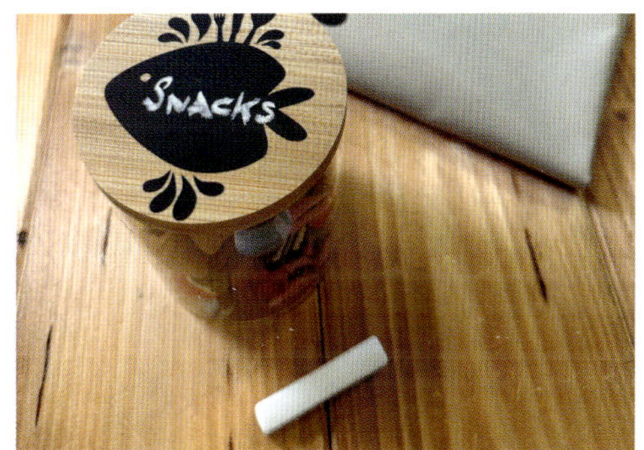

Diese Folie ist mit ca. 0,095 mm sehr dünn. Geeignete Textilien, die du damit aufhübschen kannst, bestehen aus Baumwolle, Polyester, nicht-imprägniertem Nylon, Mischgewebe aus Polyester/Baumwolle und Polyester/Acryl. Zum Schneiden empfiehlt sich eine 45-Grad-Klinge. Die Trägerfolie ist bei der POLI-FLEX-CHALKBOARD-Folie warm abzuziehen.

Die POLI-FLEX CHALKBOARD kannst du wie folgt aufpressen:

- Hitze: 160 Grad 150 Grad 130 Grad
- Zeit: 3 Sek. 4 Sek. 5 Sek.
- Druck: jeweils 2,5 – 3,0 bar

Die POLI-FLEX-CHALKBOARD-Folie kann bis zu 60 Grad gewaschen werden, ist Trockner-geeignet und chemisch reinigungsbeständig. Um die Folie zu schützen, solltest du das Textil vor dem Waschen auf links drehen.

Nachleuchtende Folie: POLI-FLEX LUMINOUS

Die POLI-FLEX LUMINOUS ist eine lumineszierende, also nachleuchtende Folie. Diese Folie absorbiert Licht und setzt dieses in dunkler Umgebung wieder ab. Bei direkter Sonneneinwirkung ist diese Folie in lediglich 60 Sekunden aufgeladen. Dieser oft auch als Glow-in-the-Dark bezeichnete Effekt hält dann für mehr als 20 Stunden an.

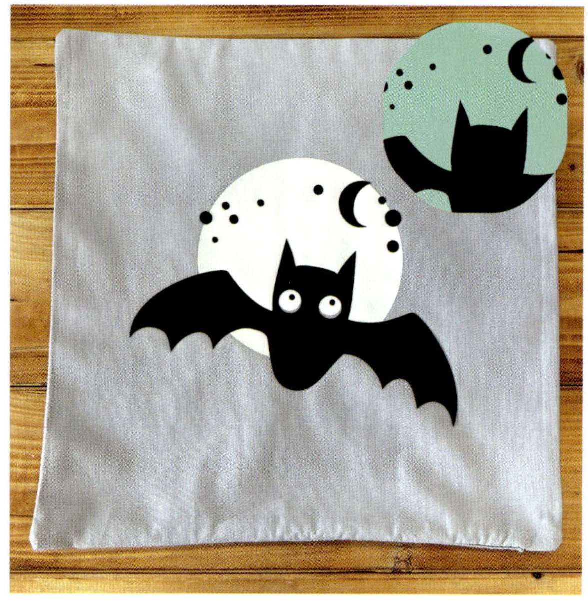

Diese Folien sind mit ca. 0,28 mm etwas dicker bei dennoch komfortabler Tragequalität. Geeignete Textilien, die du damit aufhübschen kannst, bestehen aus Baumwolle, Mischgewebe Polyester/Baumwolle und Polyester/Acryl. Zum Schneiden empfiehlt sich eine 45-Grad-Klinge. Die Trägerfolie ist bei der POLI-FLEX LUMINOUS kalt abzuziehen. Sie ist nicht zum geschichteten Verarbeiten geeignet. Die Folie kann bis zu 60 Grad gewaschen werden und ist Trockner-geeignet. Um die Folie zu schützen, solltest du das Textil vor dem Waschen auf links drehen.

Die POLI-FLEX LUMINOUS benötigt folgende Einstellungen:

- Hitze: 160 Grad
- Zeit: 15 Sekunden
- Druck: 3,5 bar

Reflektierende Folien: POLI-FLEX REFLEX

Bei der REFLEX-Serie handelt es sich um reflektierende Folien. Du kennst dies bestimmt von Funktionskleidung der Feuerwehr oder der Polizei. Ganz klassisch ist diese Folie in Silber. Der reflektierende Effekt entspricht sogar der offiziellen Warnschutz-Norm EN ISO 20471.

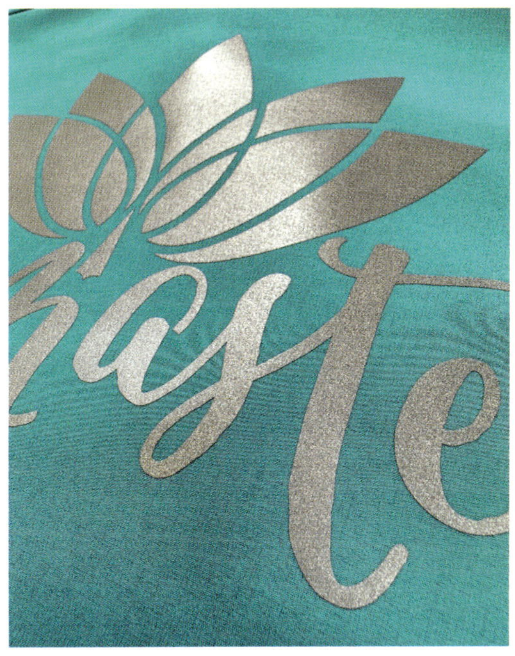

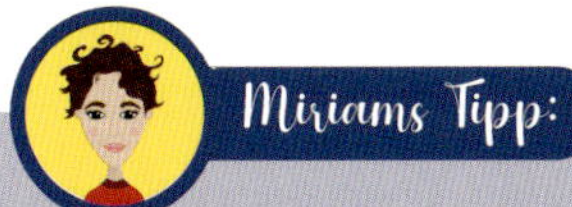

Die Norm EN ISO 20471 ist ein international anerkannter Standard, der die Anforderungen an hochsichtbare Warnkleidung definiert.

Neben dieser silbernen Variante gibt es derzeit auch 9 reflektierende Farben. Diese sind in ihrer Rückstrahlkraft nicht ganz so intensiv und kräftig wie die genormte silberne. Die silberne Folie ist ca. 0,15 mm stark, besitzt aber eine komfortable Tragequalität. Die Folien der anderen REFLEX-Farben sind mit ca. 0,205 mm geringfügig dicker. Geeignete Textilien zur Verarbeitung sind Baumwolle, Mischgewebe Polyester/Baumwolle und Polyester/Acryl.

Zum Schneiden empfiehlt sich bei der POLI-FLEX TURBO REFLEX SILVER eine 45-Grad-Klinge, bei den POLI-FLEX REFLEX COLOURS eine 60-Grad-Klinge, wobei ich aus der Praxis auch mit den Schnittergebnissen der 45-Grad-Klingen zufrieden bin. Die Trägerfolie wird warm abgezogen.

Die POLI-FLEX TURBO REFLEX SILVER benötigt folgende Einstellungen:

	Polyester / Funktionskleidung	Baumwolle
● Hitze:	130 Grad	160 Grad
● Zeit:	5 Sekunden	5 Sekunden
● Druck:	3,0 bar	3,0 bar

Die Trägerfolie wird warm abgezogen.

Die POLI-FLEX REFLEX COLOURS benötigt folgende Einstellungen:

- Hitze: 145 Grad
- Zeit: 8 Sekunden
- Druck: 3 bar

Die Trägerfolie wird hier kalt abgezogen.

Beide Folien sind nicht zum geschichteten Verarbeiten geeignet. Möchtest du mehrere dieser Folien in einem Motiv einsetzen, solltest du einlagig arbeiten.

Projekte

Du bist jetzt schon ein richtiger Folienexperte. Keine Sorge, falls dir die Fülle an Information sehr viel vorkommt. Du kannst und sollst dieses Buch immer wieder zur Hand nehmen und nachlesen. Dafür ist es gedacht. Du wirst sehen, in Kürze stellen all diese unterschiedlichen Folien keinerlei Herausforderungen mehr für dich dar und du wirst deine kreativen Ideen mit der perfekten Auswahl professionell umsetzen können.

Gerne möchte ich dich daran erinnern, dass du die meisten in diesem Buch enthaltenen Motive auch einfarbig umsetzen kannst. Natürlich möchte ich dir anhand vieler Beispiele eine große Bandbreite an Möglichkeiten zeigen, aber am Ende entscheidest du, was dir gefällt und wie du die Designs umsetzen möchtest. Falls dir die Wahl meiner Folienzusammenstellungen gefällt und du diese gerne nachmachen möchtest, findest du für jedes Projekt genaue Angaben zu den verwendeten Folien.

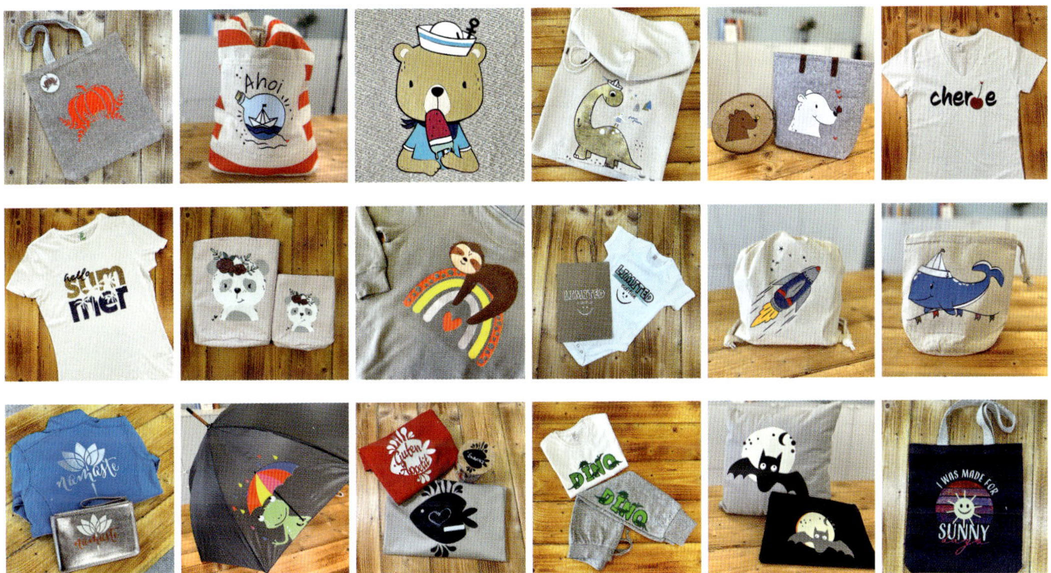

Projekt 1:
Kürbisliebe

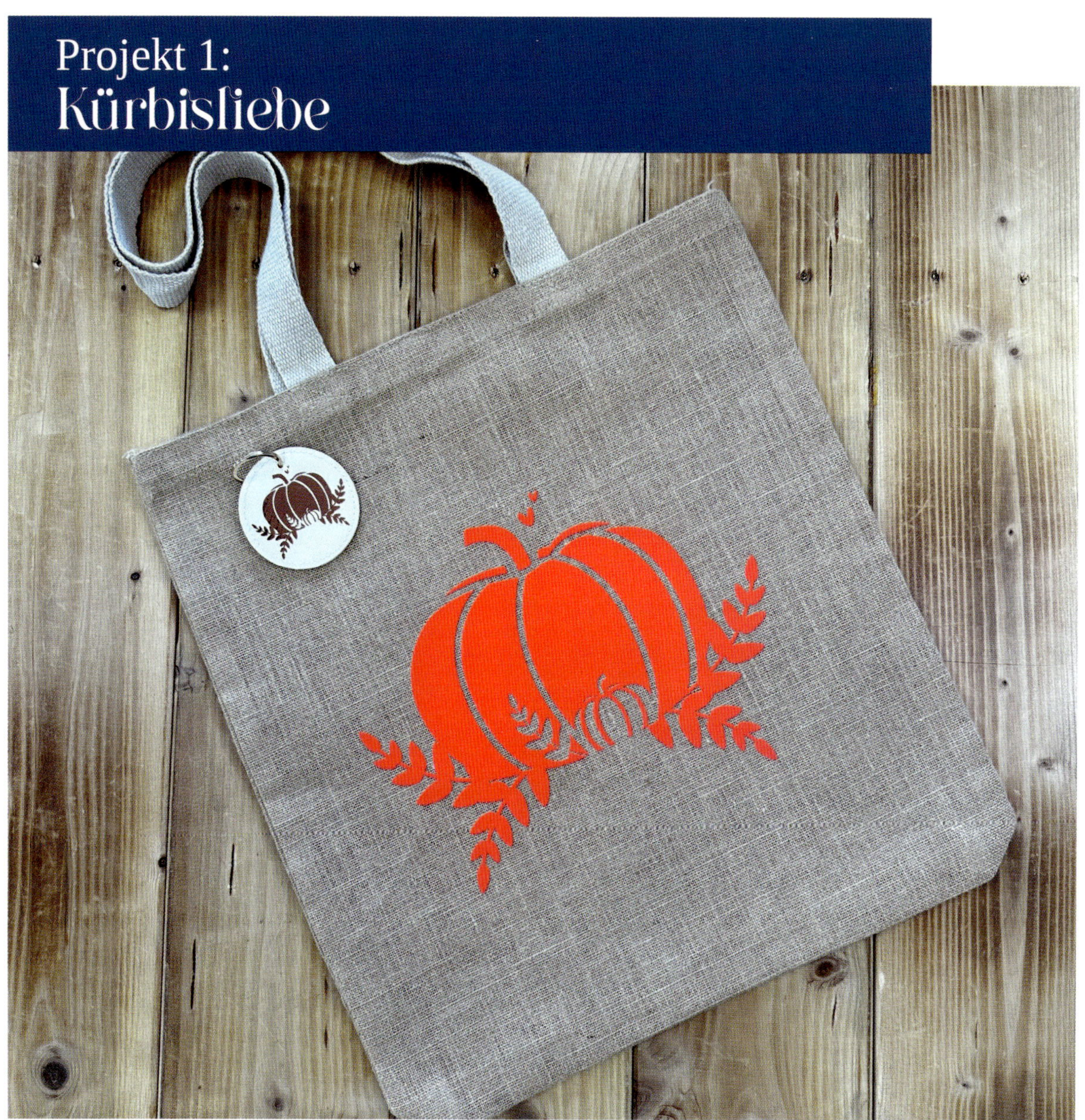

Um dieses Projekt zu plotten, verwende bitte folgende Datei:

»Kuerbisliebe Plott by GroWidesign«

Dieses Design habe ich als erstes für dich ausgesucht, da es zum »Aufwärmen« sehr gut einfarbig umzusetzen ist. Damit du aber auch direkt etwas über herausfordernde Untergründe und ein paar Tipps und Tricks mitnehmen kannst, habe ich gleich zwei spannende Rohlinge dafür ausgewählt.

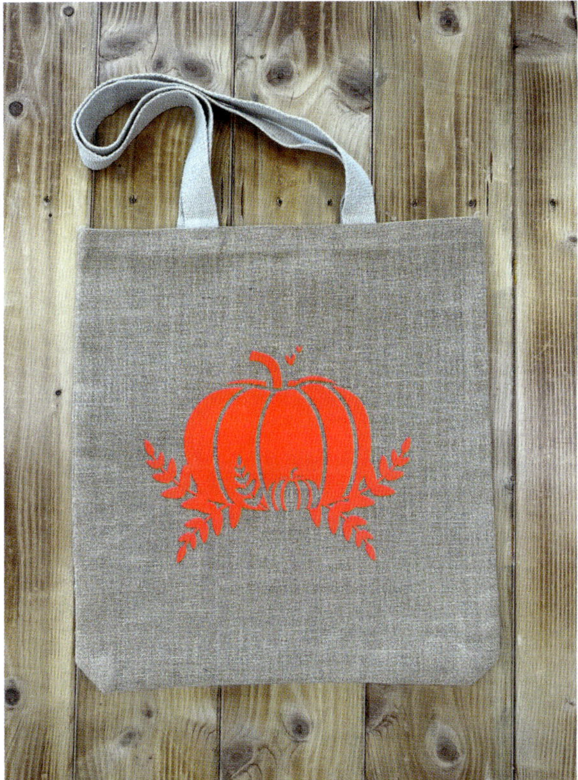

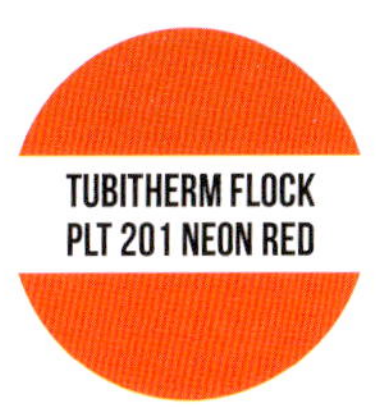

Hier siehst du den Kürbis auf einer Jutetasche angebracht. Jute kann – je nach Verarbeitung – zu Herausforderungen führen. Aufgrund der unebenen Oberfläche kann es passieren, dass sich der Heißschmelzkleber nur schwer mit der Oberfläche verbindet. Je kleiner und filigraner dein Motiv dabei ist, umso weniger Angriffsfläche hat der Heißschmelzkleber. Daher sind großflächigere Motive wie der Kürbis oft einfacher auf Jute aufzubringen als z.B. filigrane Schriften. Du siehst aber in der folgenden Abbildung, dass es durchaus möglich ist.

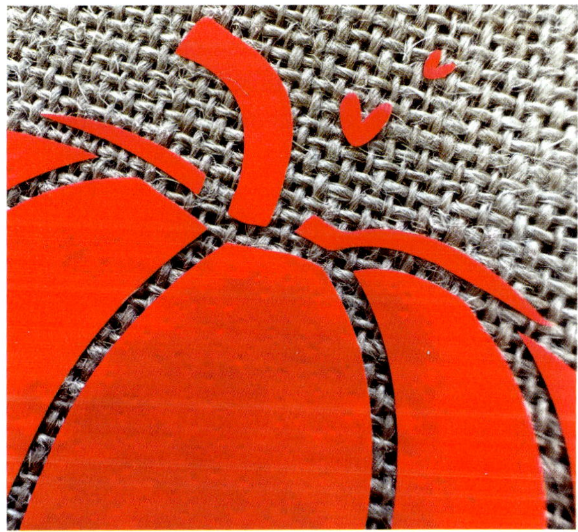

Beim Verpressen ist es besonders wichtig, mit gleichmäßigem Druck zu arbeiten. Verwendest du eine Handpresse, so achte darauf, über das gesamte Motiv hinweg ausreichend Druck auszuüben. Oft hilft es auch, einen eher harten Untergrund zu wählen – ich nehme dafür gerne ein Holzbrett.

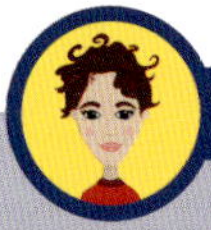

Miriams Tipp:

Einige Jutetaschen besitzen auf den Innenseiten eine wasserundurchlässige Beschichtung. Sollte das bei dir der Fall sein, lege vor dem Pressen Backpapier oder ein Teflon-Sheet in die Tasche, um die Vorder- und Rückseite beim Pressvorgang nicht miteinander zu verschmelzen.

Für die Vorderseite dieser Jutetasche habe ich mich für TUBITHERM-FLOCK-Folie entschieden. Flockfolie setze ich immer sehr gerne bei leicht unebenen Untergründen ein. Durch die Flockfasern ist die Folie etwas dicker, wodurch sich die Oberfläche des Textils nicht durch die Folie durchdrückt bzw. sich die Struktur nicht durch die Folie abzeichnet.

Die Herausforderung in diesem konkreten Fall ist es, stark genug zu pressen, um den Kleber überall gut mit der Jute zu verbinden, und gleichzeitig nicht zu stark, damit die Optik des Flocks erhalten bleibt. Die Rückseite der Tasche habe ich mit einem kleinen Kürbis versehen, diesmal fiel meine Folienauswahl auf eine Neonfarbe aus der POLI-FLEX-TURBO-Serie. Eigentlich wollte ich veranschaulichen, dass bei den Flexfolien die Struktur der Jute durchscheint. Da die Neonfarben aber aufgrund einer zusätzlichen weißen Mittelschicht minimal dicker sind als die übrigen Farben, ist auch in diesem Fall das Ergebnis schön glatt geblieben.

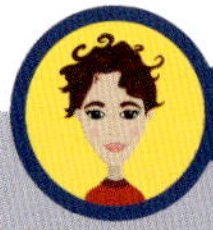

Miriams Tipp:

Die Neonfarben bestehen, anders als die anderen Farben, aus einer zusätzlichen weißen Mittelschicht. Diese sorgt für die besondere Brillanz und Strahlkraft der Neontöne.

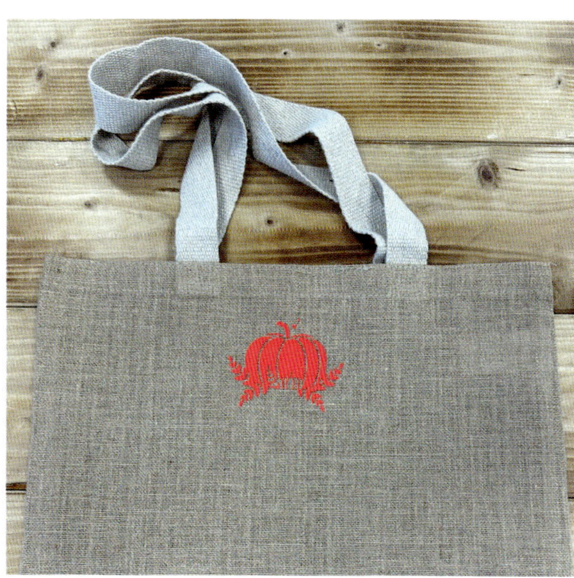

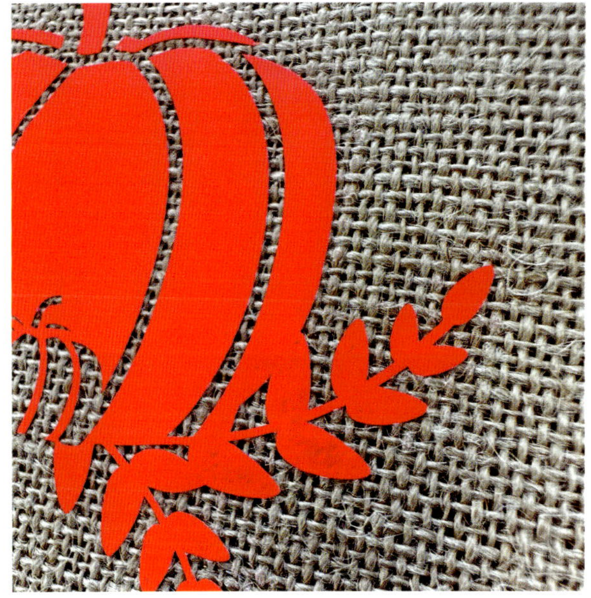

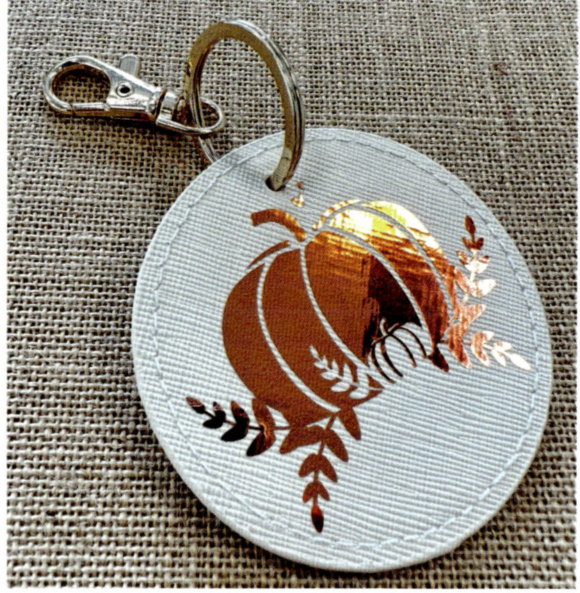

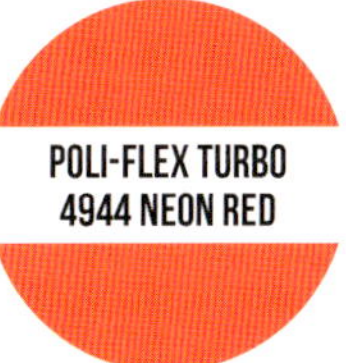

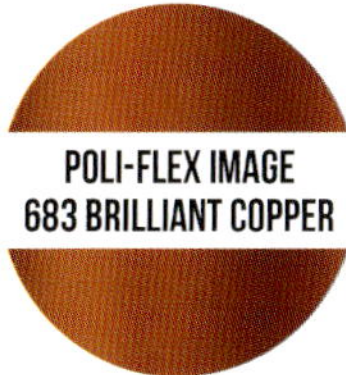

Variante 2: Kunstleder

Für das Kürbis-Motiv habe ich mir noch eine zweite Umsetzung überlegt, bei der ich ein kleines Risiko eingegangen bin. Aber wer nicht wagt, der nicht gewinnt, oder?

Ich habe hier als weiteres Anschauungsbeispiel einen Kunstlederanhänger ausgewählt.

Eigentlich wollte ich die Bright Copper aus der POLI-FLEX-TURBO-Serie aufbringen, da es sich bei meinem Rohling ja um empfindlichen Kunststoff handelt, der mit Sorgfalt behandelt werden muss. Mir hat dann aber die Brilliant Copper aus der Serie POLI-FLEX BRILLIANT (MIRROR) mit ihrem besonderen Glanz so gut gefallen, dass ich das einfach ausprobiert habe. Da der Schlüsselanhänger nicht gewaschen wird, habe ich hier mit weniger Hitze als üblich sowie mit einer Mini-Handpresse gearbeitet. So konnte ich Hitze, Zeit und Druck gut regulieren und das Design erfolgreich anbringen. Es hat wunderbar funktioniert, auch wenn ich betonen möchte, dass das nicht immer der Fall sein muss und ich für Kunstleder POLI-FLEX-TURBO-Folien empfehle.

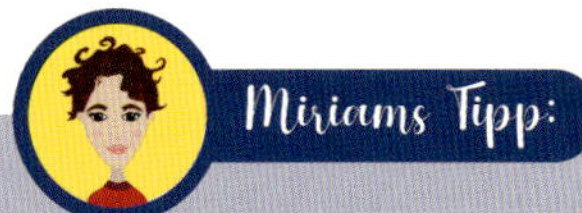

Kunstleder besteht (neben Lederimitaten auf Pflanzenbasis) aus PVC oder Polyurethan (PU). Die Veredelung von PU-Leder ist aufgrund der chemischen Eigenschaften einfacher und der Veredelung von PVC-Leder zu bevorzugen.

Achte unbedingt darauf, dass das Kunstleder nicht in direkten Kontakt mit der Heizfläche kommt, um ein Schmelzen des Kunstleders zu verhindern.

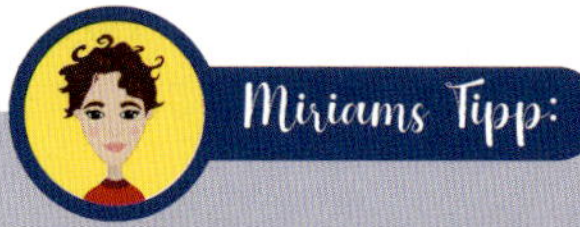

Am besten deckst du deinen Plot vor dem Aufpressen immer mit entweder Backpapier oder einem Teflonsheet ab, um sowohl dein Motiv als auch die Heizplatten bzw. deine Presse zu schützen.

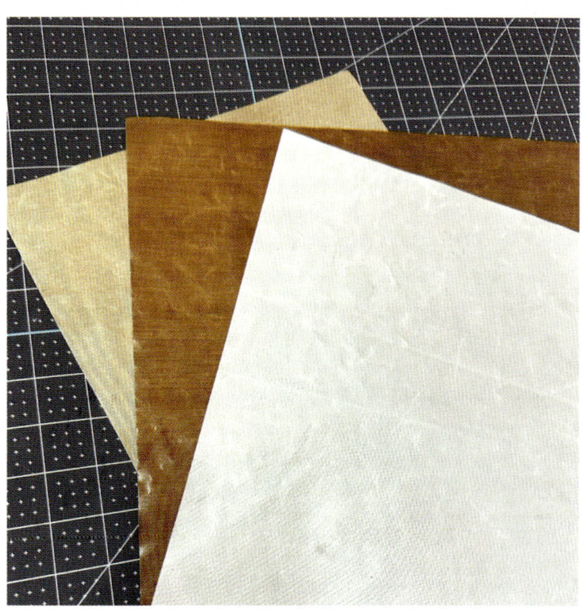

Projekt 2: Flaschenpost ahoi

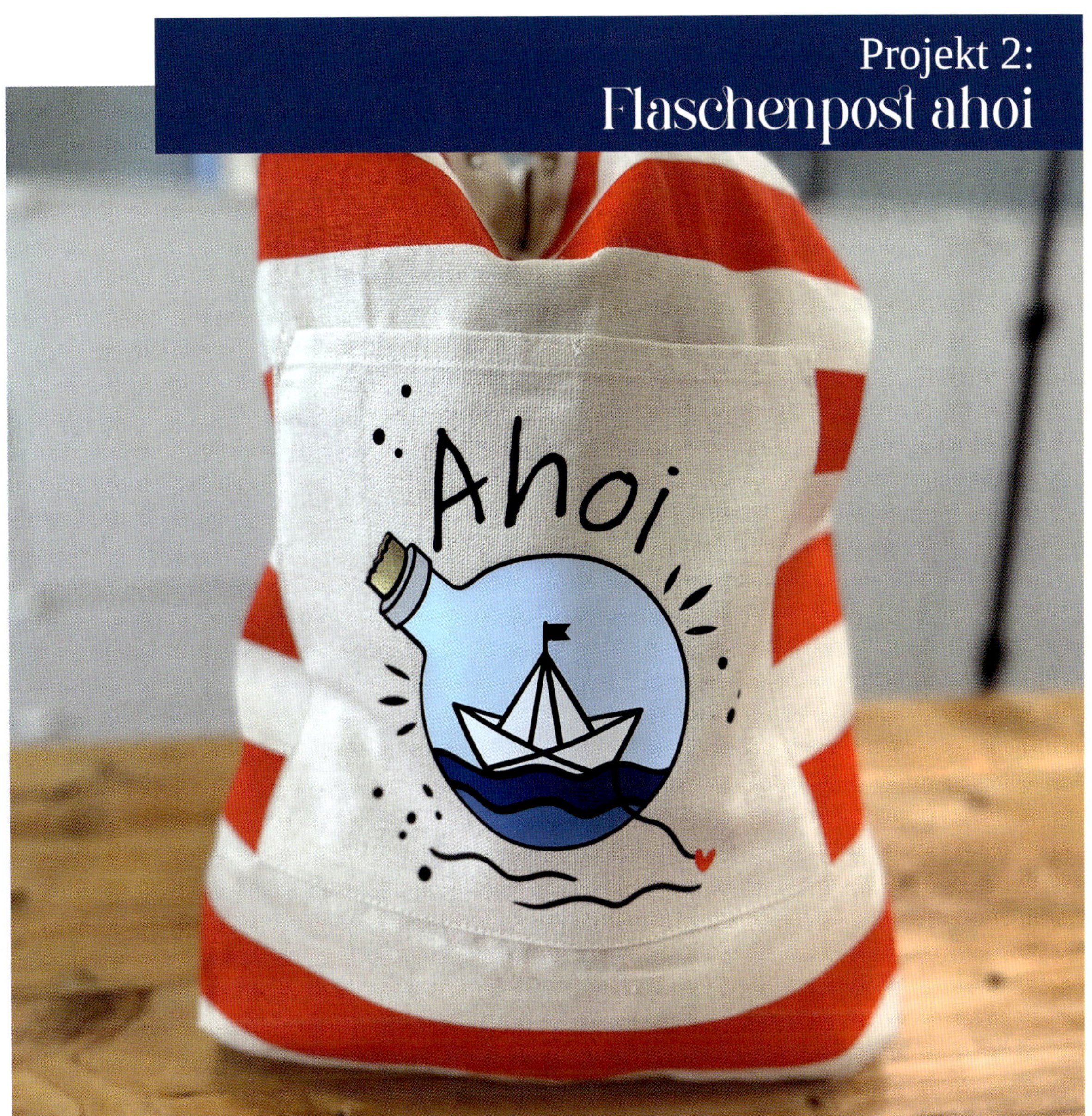

Um dieses Projekt zu plotten, verwende bitte folgende Datei:

»Flaschenpost AHOI Plott by GroWidesign«

Das nächste Projekt habe ich direkt schon mehrfarbig umgesetzt. Falls du noch nie mehrfarbig gearbeitet hast, ist jetzt die perfekte Gelegenheit dafür, denn wir machen es gemeinsam – mehrfarbig und mehrschichtig!

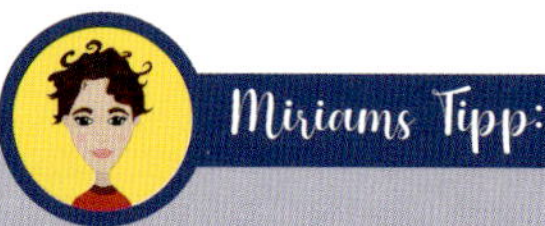

Miriams Tipp:

Mehrlagig bzw. mehrschichtig Plotten bedeutet, dass man Folien auf Folien presst, um zum Endergebnis zu gelangen. Je nach Anzahl der Schichten wird das fertige Design am Ende dicker, was zur Beeinträchtigung des Tragekomforts führen kann. Bei Umsetzungen auf Taschen, Beuteln o. Ä., bei der die Dicke der Folien nicht unbedingt ins Gewicht fällt, arbeite ich häufig mehrschichtig.

Sobald du alle Einzelteile aus deinen ausgewählten Folien ausgeschnitten hast, können wir auch schon loslegen.

Bevor ich die Folien nach und nach aufpresse, stelle ich mir das Design immer erst einmal komplett zusammen. So kann ich sicherstellen, dass ich die Reihenfolge der einzelnen Schichten richtig sortiert habe. Beginne mit der untersten Schicht und lege nach und nach die oberen Schichten darüber. Keine Angst, den Folien macht das Übereinanderlegen nichts aus. Wenn du die einzelnen Folien wieder abziehst, bleiben die ausgeschnittenen Elemente unversehrt.

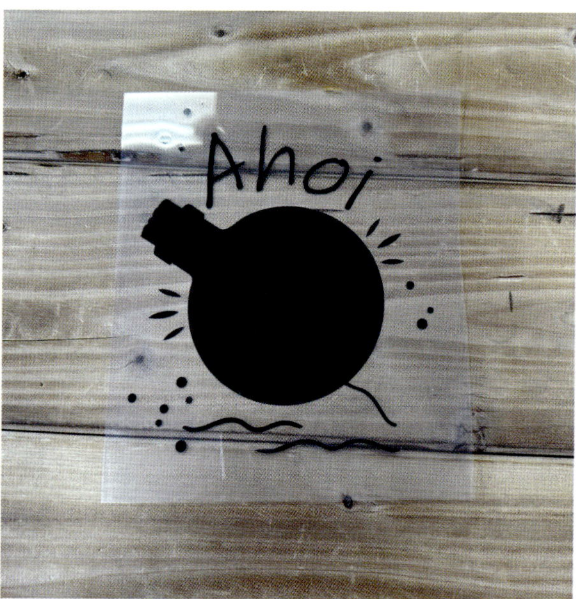

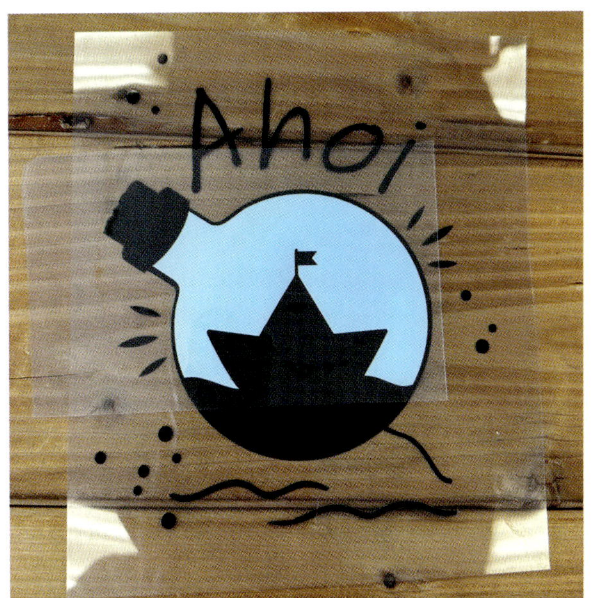
Ahoi

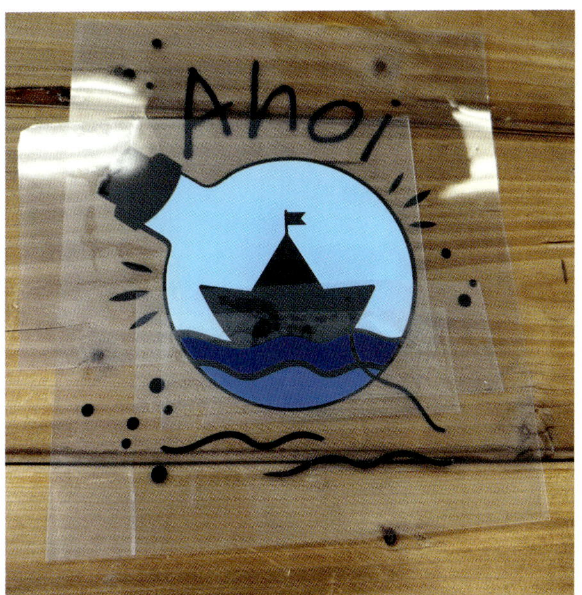
Ahoi

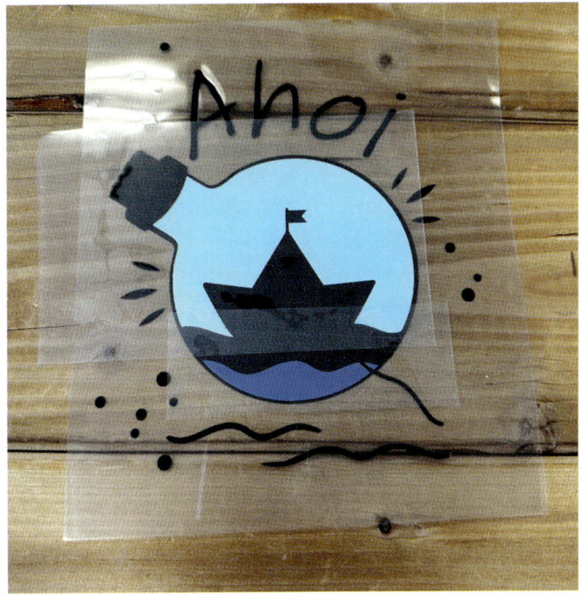
Ahoi

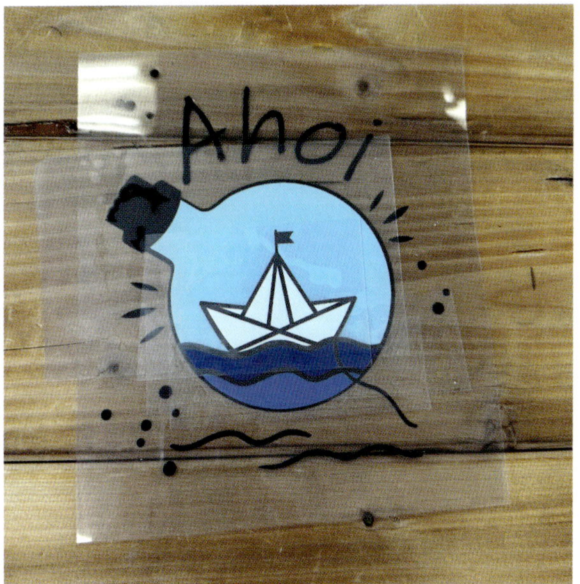
Ahoi

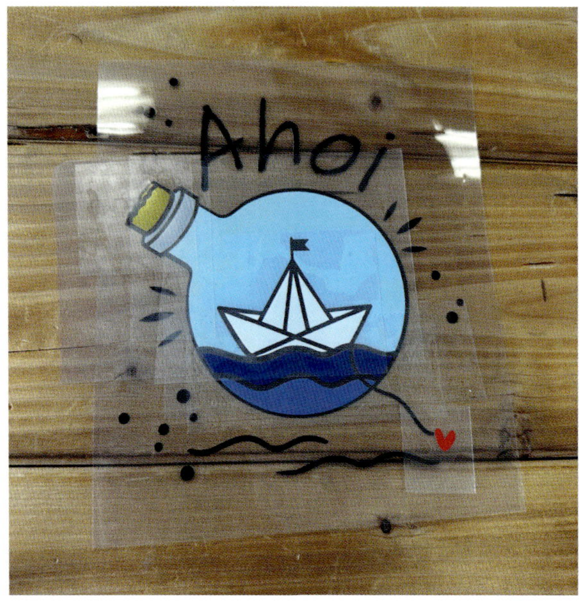

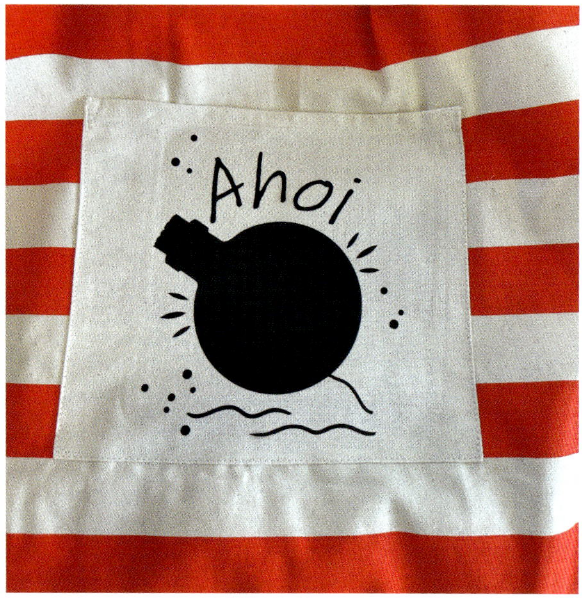

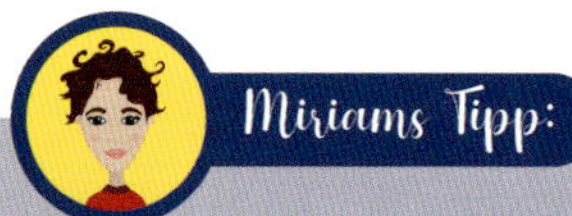

Möchtest du dein geplottetes Design erst später verpressen, kannst du auf solche Weise zusammengestellte Motive auch sehr gut lagern.

Nachdem du nun die Reihenfolge festgelegt hast, kannst du auch schon mit dem Verpressen beginnen. Presse dein Textil, wie du es bereits gelernt hast, an der zu veredelnden Stelle vor und positioniere die erste Folie – in meinem Fall ist es die schwarze Folie.

Textilfolien weisen beim Verpressen eine gewisse Verschrumpfung auf. Das bedeutet, sie werden minimal kleiner. Dies kann bei mehrfarbigen Umsetzungen eine gewisse Herausforderung darstellen. Um die Schrumpfung der ersten Folienschichten zu minimieren, presse alle Lagen nur so kurz wie möglich, aber gerade so lange, dass du die Trägerfolie gut lösen kannst. Erst bei der letzten Folienschicht presst du alles mit der gesamten Verpresszeit zusammen.

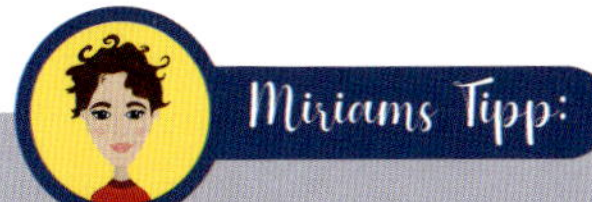

Verwendest du Folien, die unterschiedliche Verpressparameter aufweisen, orientiere dich immer an der Folie, die die meiste Hitze und Zeit benötigt, um eine dauerhafte Verankerung sicherzustellen.

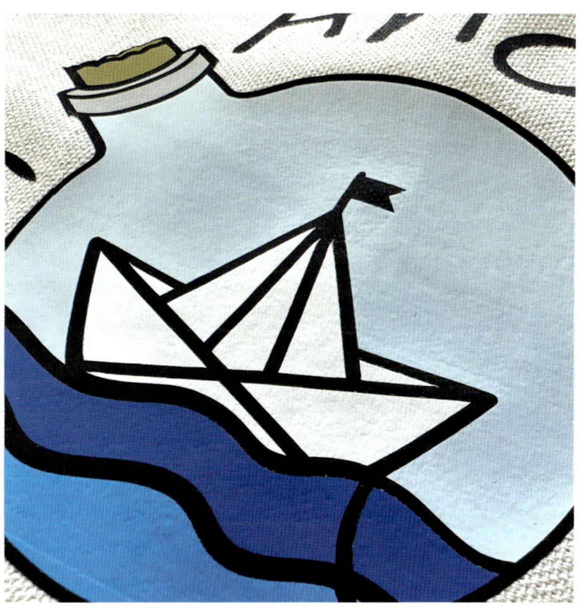

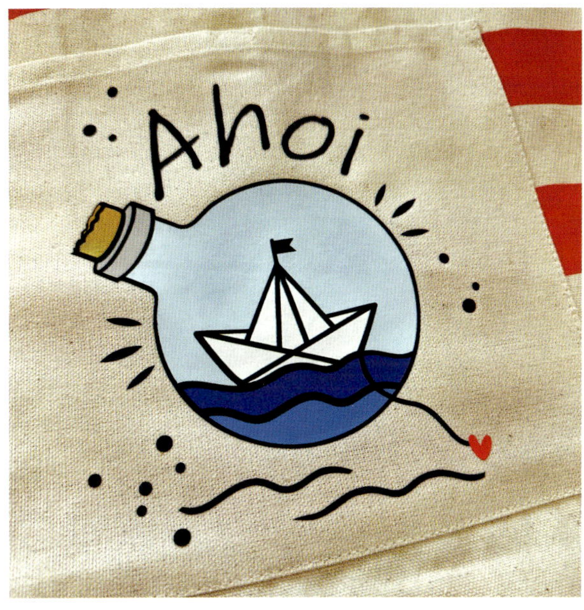

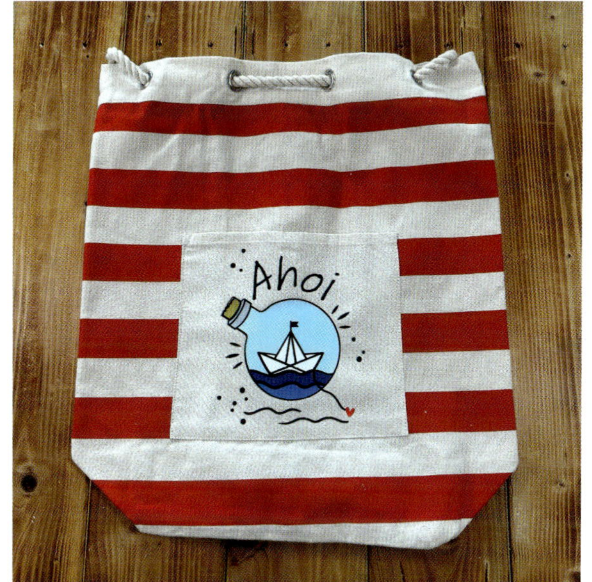

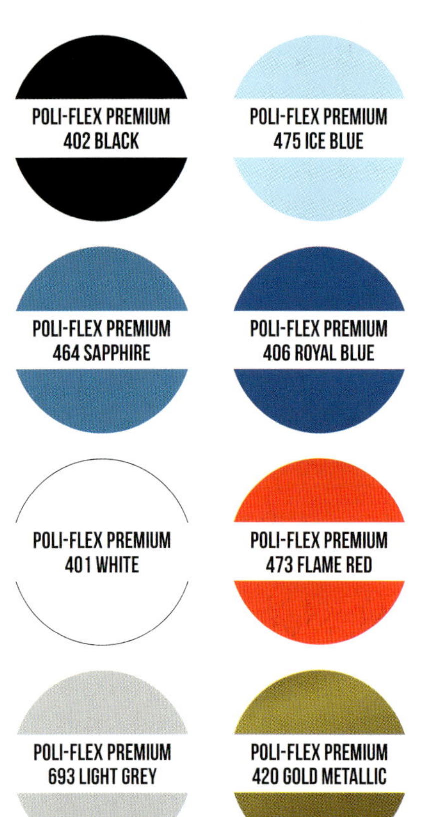
POLI-FLEX PREMIUM
402 BLACK
POLI-FLEX PREMIUM
475 ICE BLUE
POLI-FLEX PREMIUM
464 SAPPHIRE
POLI-FLEX PREMIUM
406 ROYAL BLUE
POLI-FLEX PREMIUM
401 WHITE
POLI-FLEX PREMIUM
473 FLAME RED
POLI-FLEX PREMIUM
693 LIGHT GREY
POLI-FLEX PREMIUM
420 GOLD METALLIC

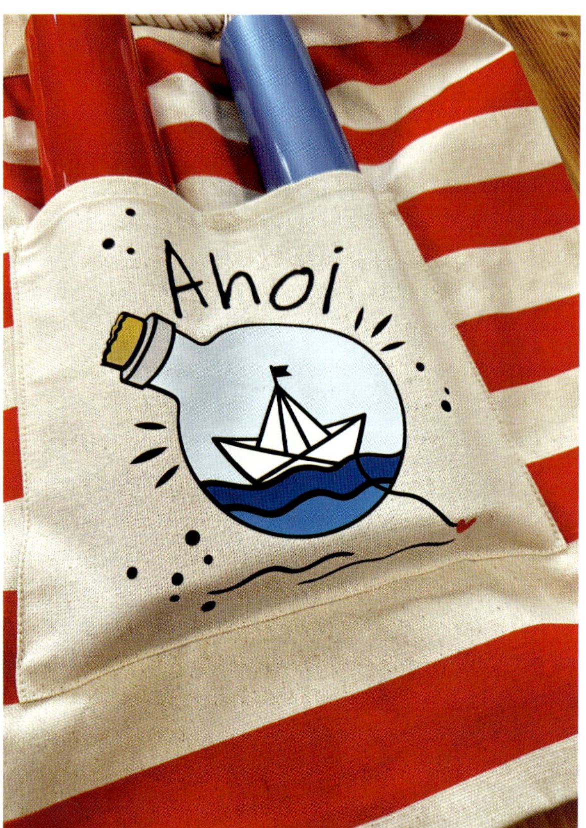
Ahoi

Projekt 3:
Matrosen-Eisbär

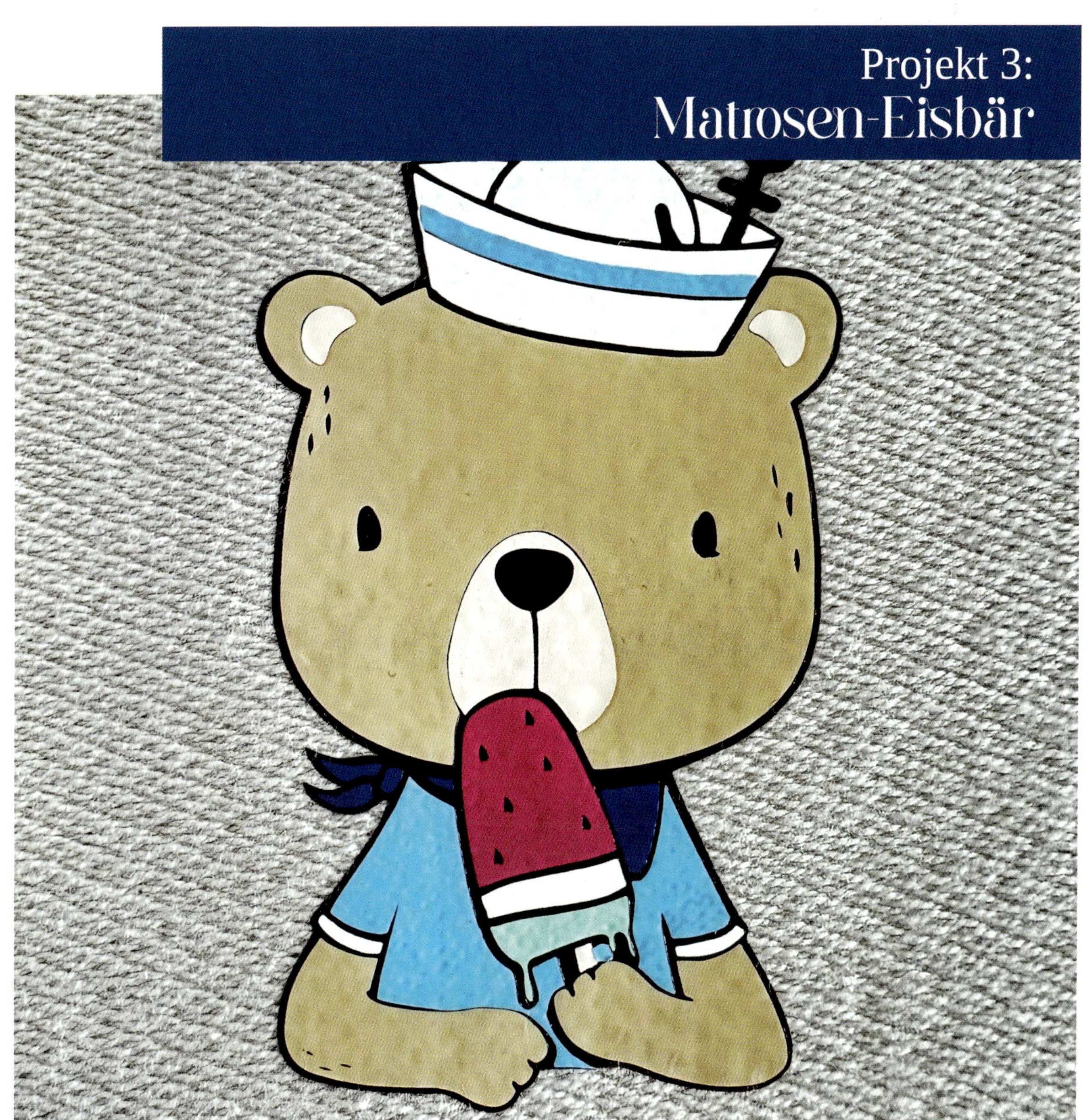

Um dieses Projekt zu plotten, verwende bitte folgende Datei:

»MatrosenEISbaer Plott by GroWidesign«

Bevor es an mehrfarbige Designs geht, in denen Folien unterschiedlicher Serien kombiniert werden, möchte ich gerne noch ein schönes Motiv mit Folien der POLI-FLEX-TURBO-Serie mit dir umsetzen. Du wirst feststellen, wie klein und filigran sich diese Folien schneiden lassen. Selbstverständlich kannst du aber auch einen großen Matrosen-Eisbären gestalten und anstelle eines Handtuchs auch andere Textilien verwenden.

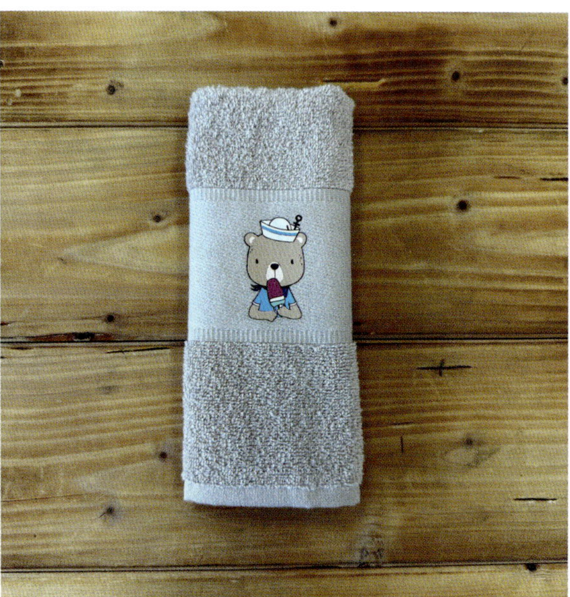

Wie bereits im vorherigen Projekt habe ich auch hier alle Folien zunächst in der richtigen Reihenfolge übereinandergelegt und vorbereitet. Danach habe ich die einzelnen Folien nach und nach verpresst. Da ich für dieses Projekt ausschließlich POLI-FLEX-TURBO-Folien eingesetzt habe, die mit weniger Zeit zu verpressen sind, ist auch die erste Anpresszeit der unteren Schichten entsprechend kurz und erst bei der letzten Schicht wird die volle Presszeit verwendet. Den Folien schadet eine etwas längere Verpresszeit (ein paar Sekunden) nicht, presse im Zweifel am Ende lieber etwas länger als zu kurz.

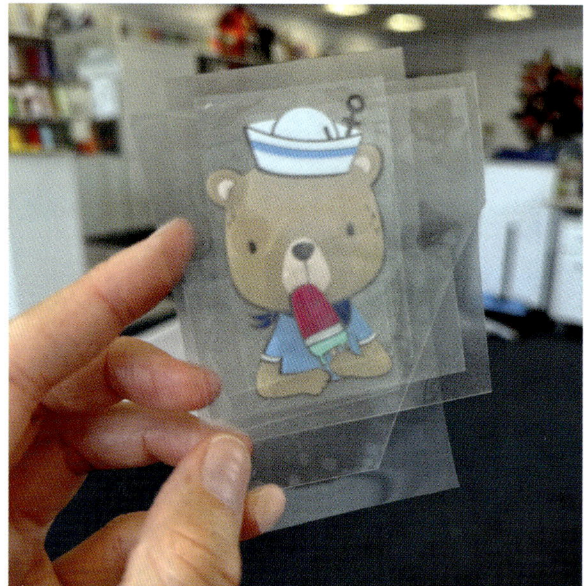

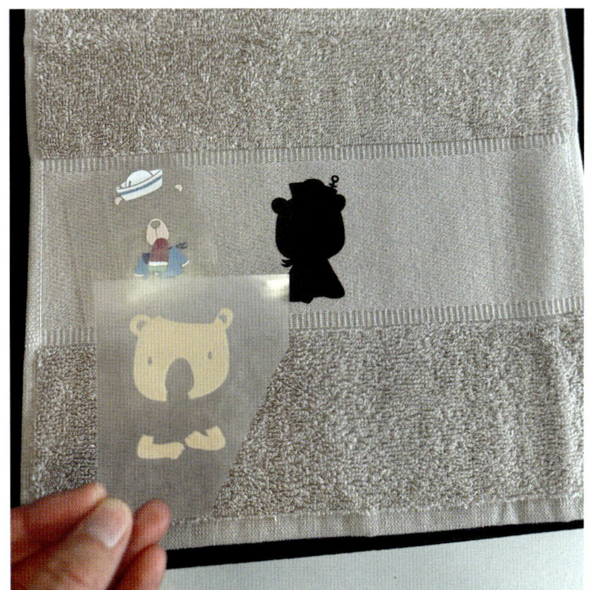

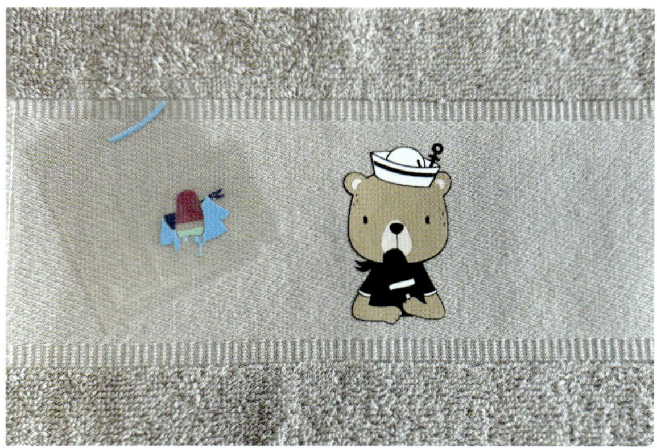

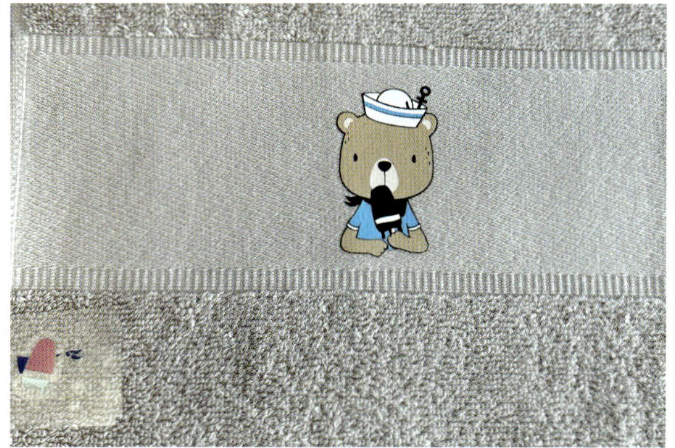

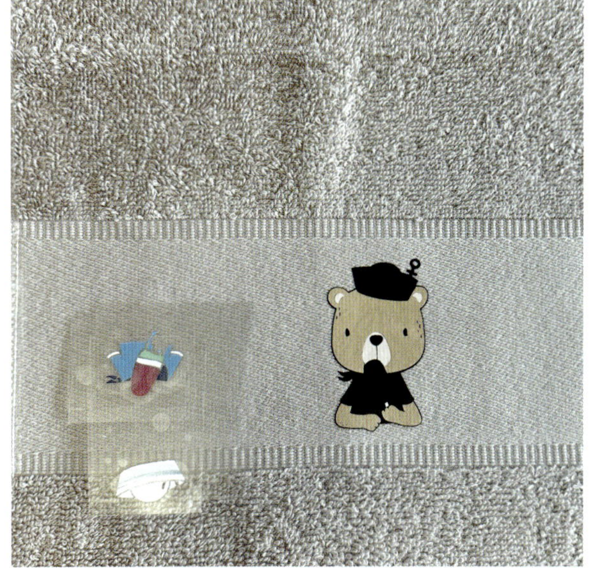

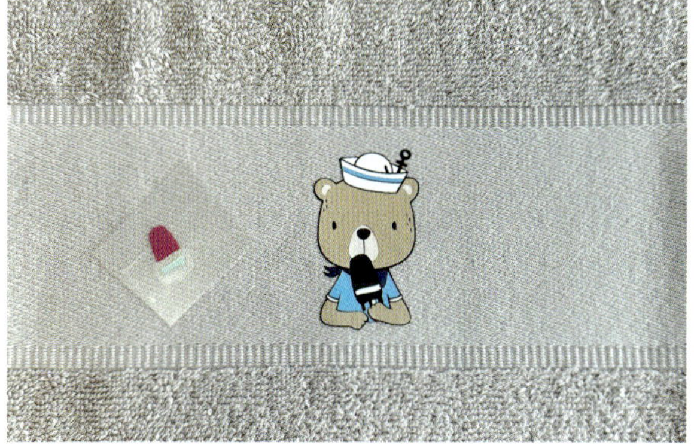

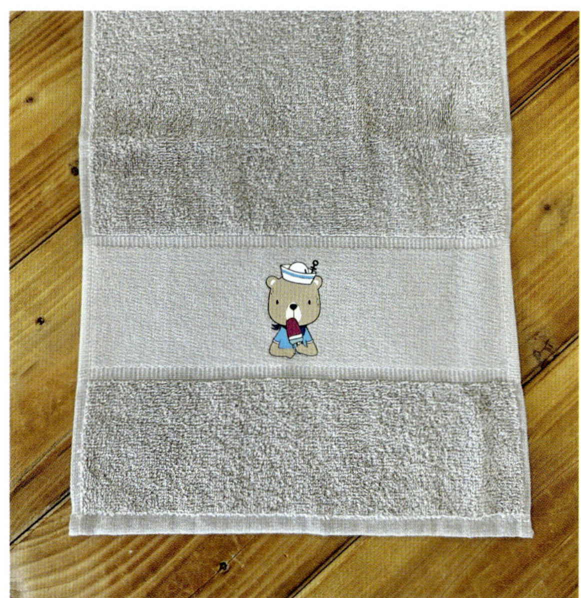

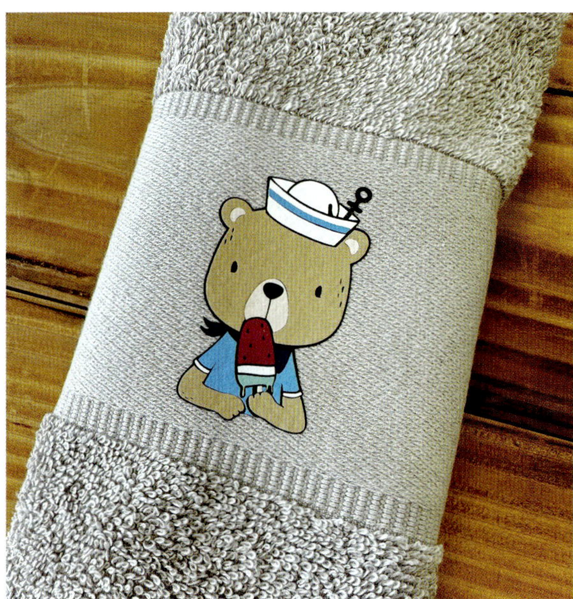

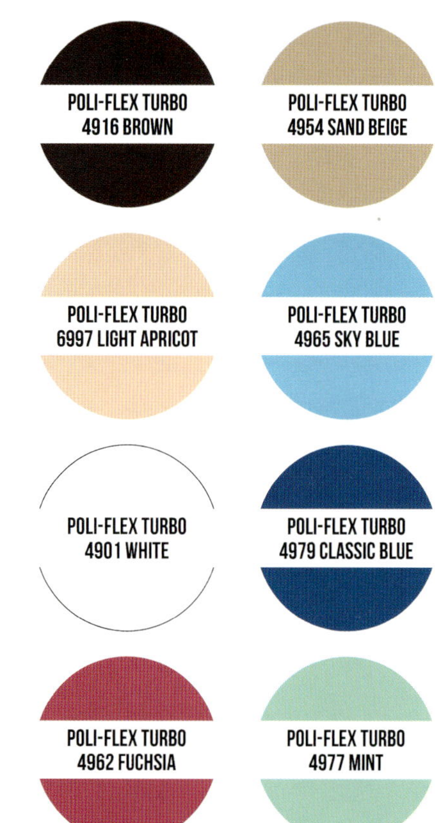

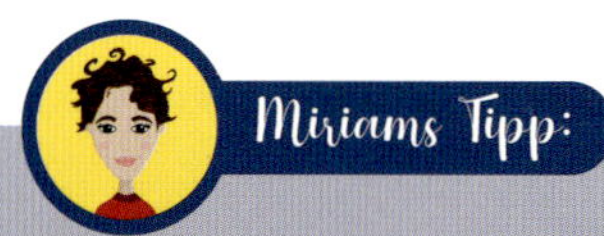

Ich verwende als Konturfarbe (Outline) nicht immer Schwarz. Oftmals sieht eine andere (dunkle) Farbe richtig gut aus und das ganze Design wirkt weniger hart.

Projekt 4:
Langhals-Dino

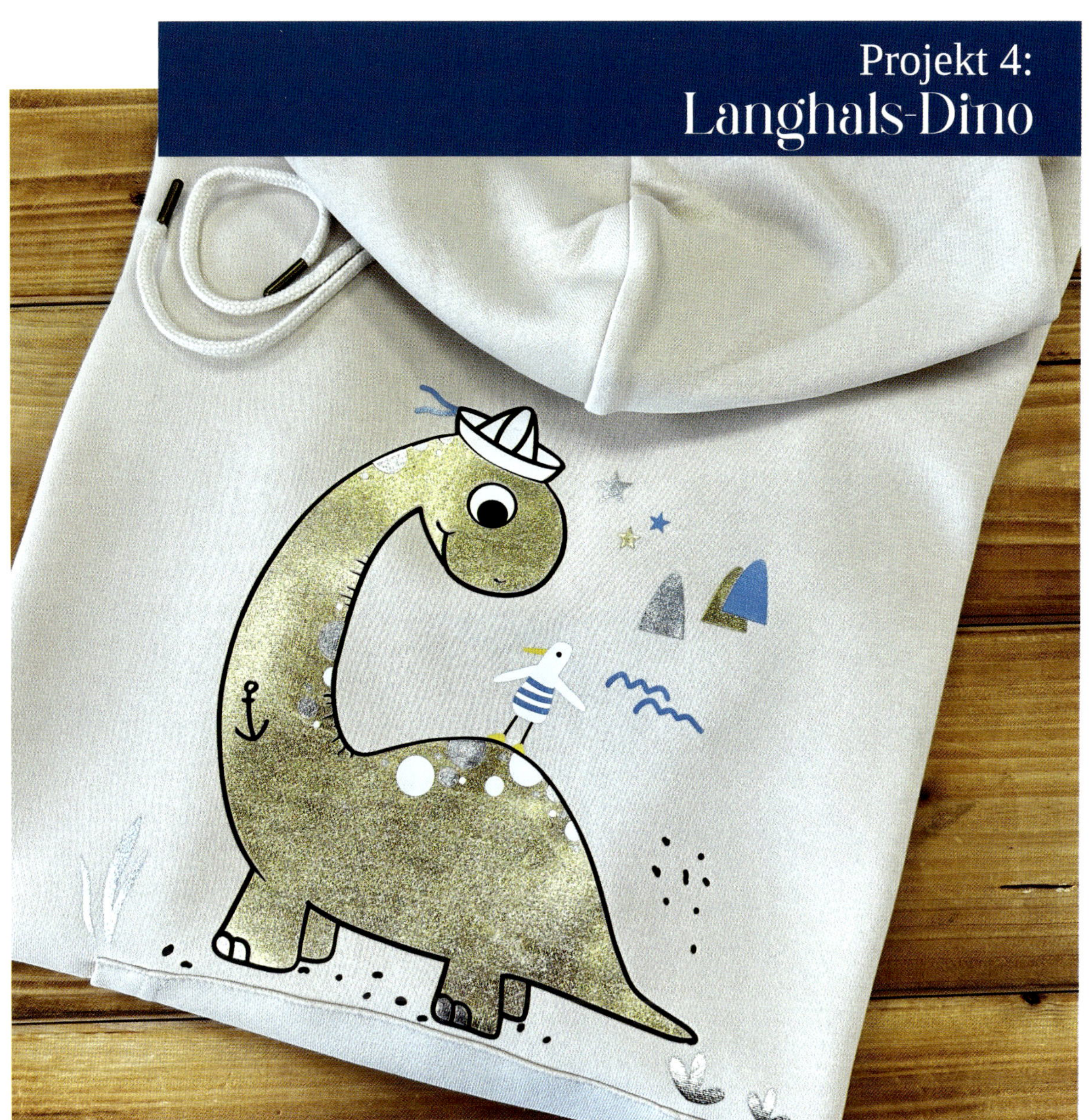

Um dieses Projekt zu plotten, verwende bitte folgende Datei:

»LanghalsDINO Plott by GroWidesign«

Diese Umsetzung gehört zu meinen Favoriten dieses Buches. Ich habe mir bei dem Motiv eine eher dezente Farbwahl vorgestellt, bei der ich aber dennoch nicht auf einen besonderen Effekt verzichten wollte. Die Folienfarben sind eher schlicht, wobei ich dem Körper des Dinos mithilfe der POLI-FLEX BRILLIANT (MIRROR) einen besonderen Akzent versetzt habe.

Eingesetzt habe ich hier neben der POLI-FLEX BRILLIANT (MIRROR) ausschließlich POLI-FLEX-TURBO-Folien.

Da ich hier auf ein Kleidungsstück verpresst habe, ist das Motiv einschichtig verarbeitet. Jede Folie wird also direkt auf das Textil gepresst, das Resultat ist daher einlagig und bleibt dadurch dünn und angenehm zu tragen.

Wie du bereits erfahren hast, soll auf die POLI-FLEX BRILLIANT (MIRROR) keine weitere Folie aufgepresst werden. Daher war diese einlagige Verarbeitung ohnehin die richtige Wahl für mein Vorhaben. Wenn du den besonderen Glanz der POLI-FLEX BRILLIANT (MIRROR) in seiner vollen G(l)änze erhalten möchtest, presse diese Folie erst ganz zum Schluss auf. Findest du hingegen, so wie ich, die nicht ganz so spiegelnde und schillernde Optik schön, ist es nicht nötig, diese erst zum Schluss zu verarbeiten. Den Unterschied habe ich bei der Vorstellung der Folie bereits veranschaulicht.

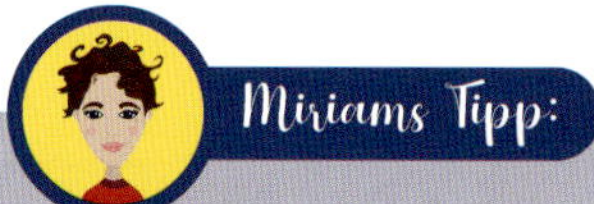

Solltest du die POLI-FLEX BRILLIANT (MIRROR) als letzte Folie aufpressen, denke daran, dass du diese Folie nach der Anbringung noch 3 Sekunden nachpressen musst.

Achte unbedingt darauf, dass der Träger bei der POLI-FLEX BRILLIANT (MIRROR) kalt bzw. bei Raumtemperatur abzuziehen ist, bei der POLI-FLEX TURBO hingegen warm!

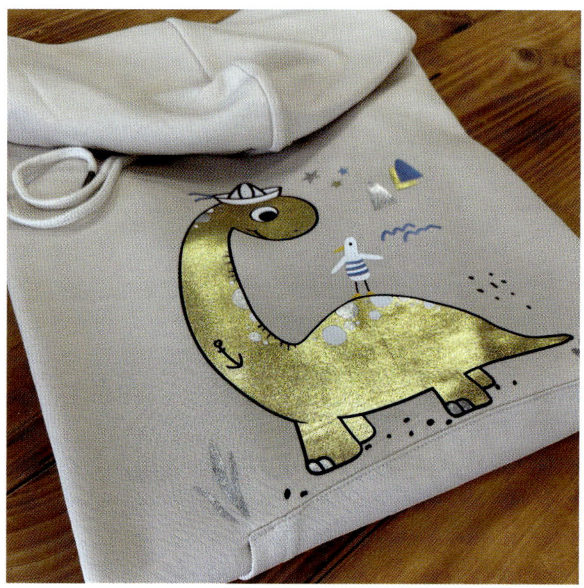

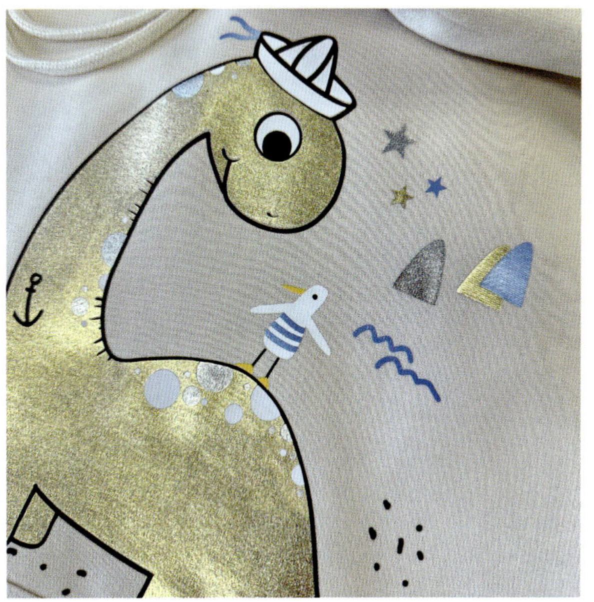

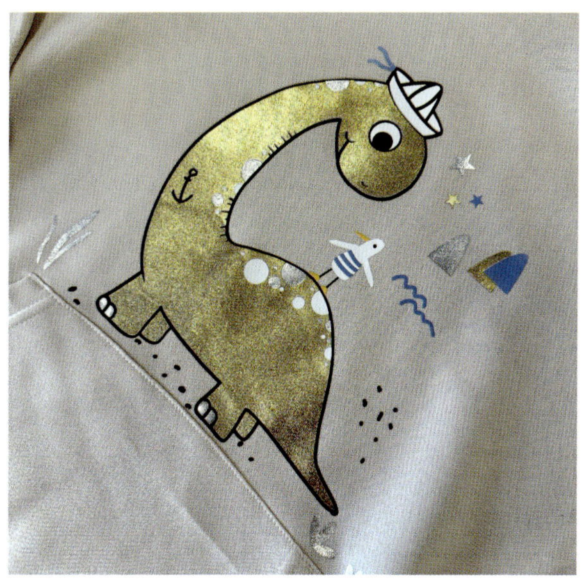

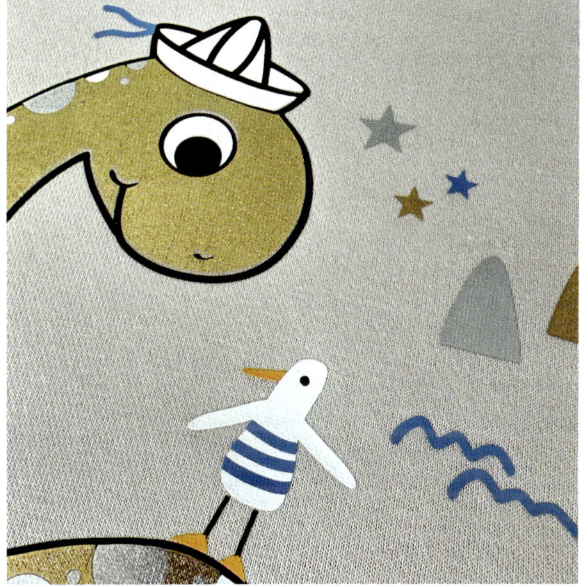

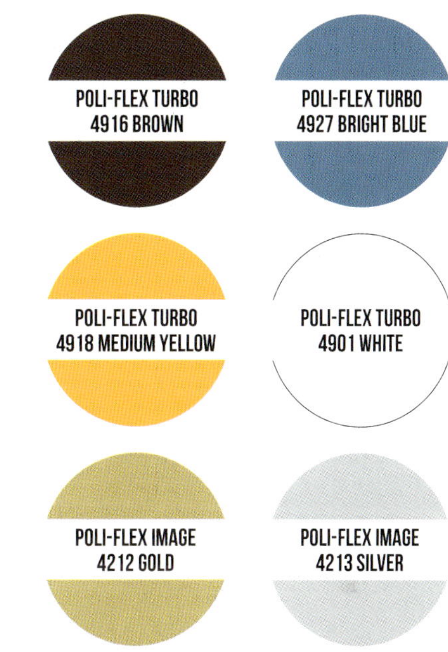
POLI-FLEX TURBO
4916 BROWN
POLI-FLEX TURBO
4927 BRIGHT BLUE
POLI-FLEX TURBO
4918 MEDIUM YELLOW
POLI-FLEX TURBO
4901 WHITE
POLI-FLEX IMAGE
4212 GOLD
POLI-FLEX IMAGE
4213 SILVER

Projekt 5: Bär-Schmetterling

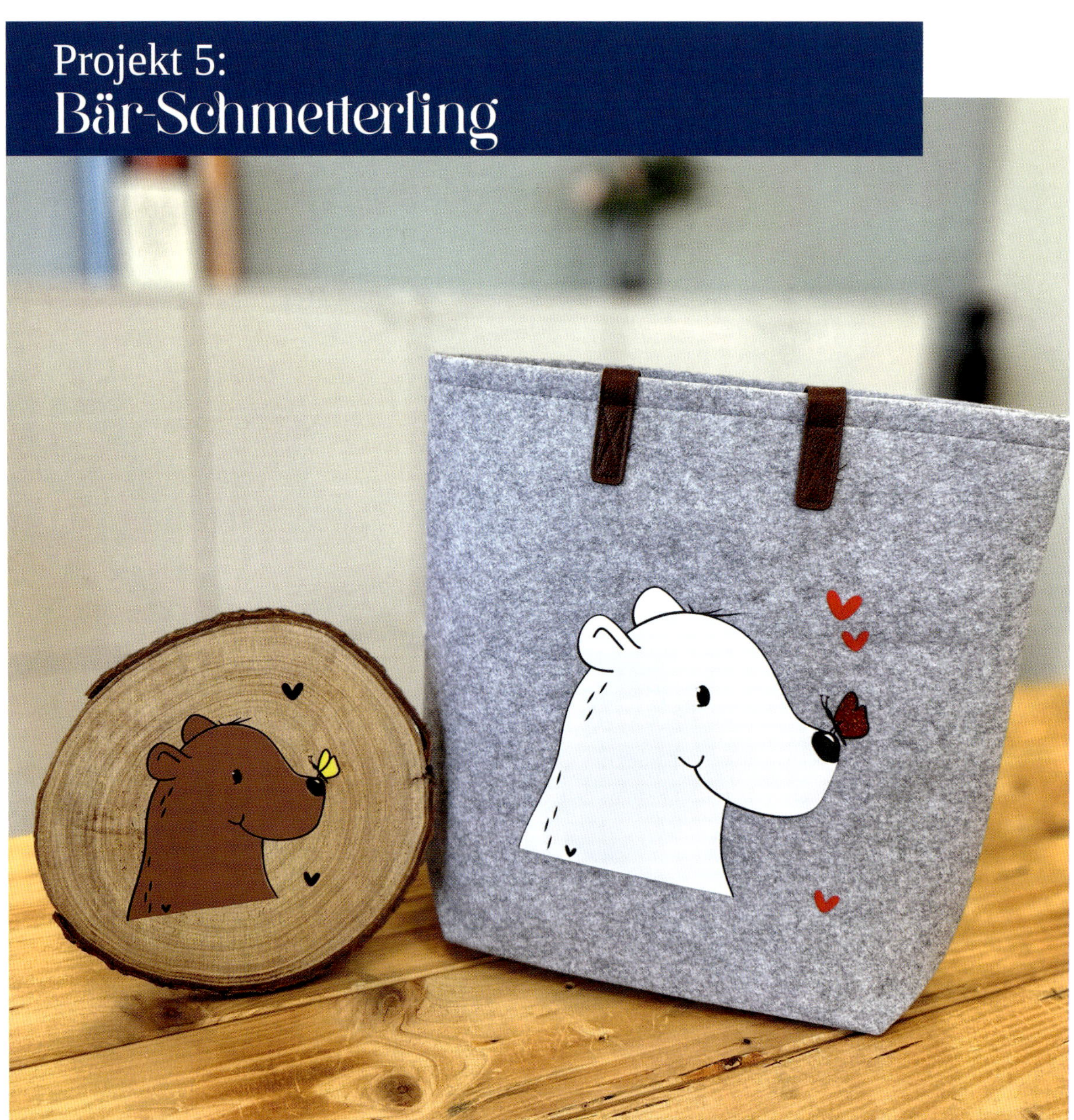

Um dieses Projekt zu plotten, verwende bitte folgende Datei:

»BAER Schmetterling Plott by GroWidesign«

Jetzt möchte ich dir gerne zeigen, dass man auch auf andere Untergründe als nur Textilien verpressen kann. Ich habe mich daher bei diesem Motiv für eine Holzscheibe entschieden. Holzscheiben eignen sich (wenn sie nicht zu grob und völlig unbehandelt sind) sehr gut für einen Heißtransfer. Der Kleber kann in die Struktur des Holzes eindringen und sich gut verbinden.

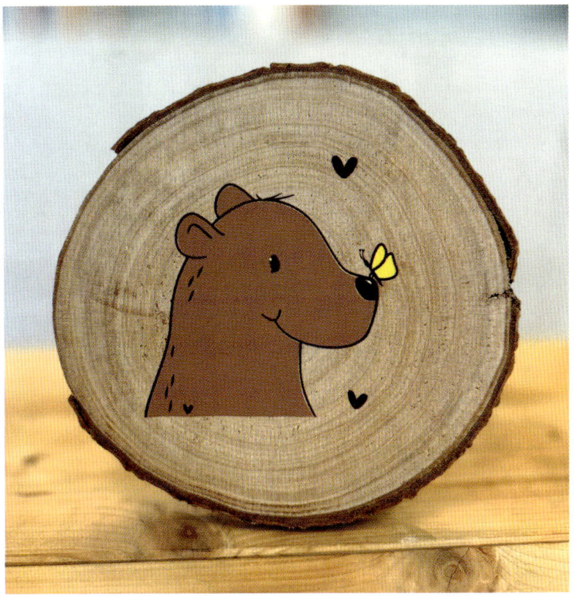

In der Detailansicht kannst du gut erkennen, dass die Struktur des Holzes durch die Folie deutlich erkennbar ist. Wenn dir dies nicht so gut gefällt oder du ein Durchscheinen vermeiden möchtest, empfehle ich dir, für die Veredelung von Holz die etwas dickere TUBITHERM-FLOCK-Folie oder auch die POLI-FLEX PEARL GLITTER zu verwenden.

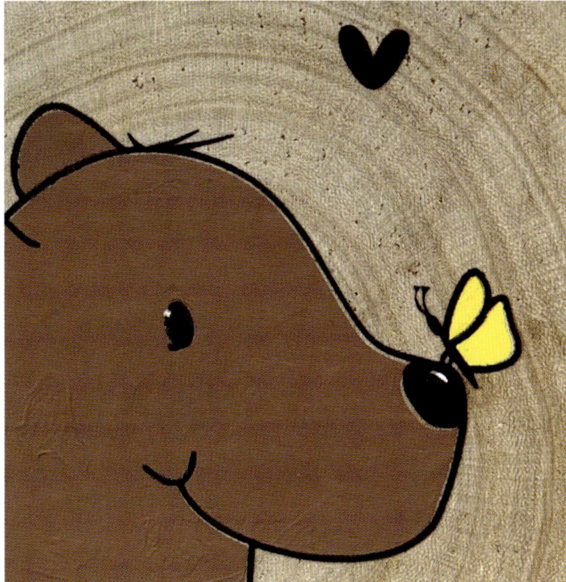

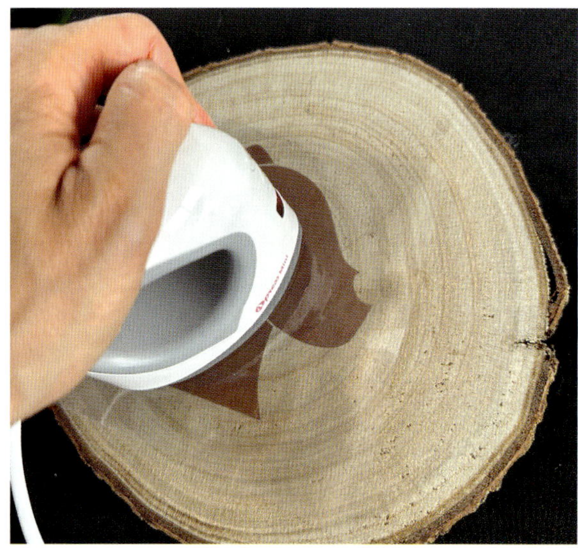

Ich habe mich bei der Kontur (Outline) für eine braune Flockfolie entschieden und daher zunächst die dünnere POLI-FLEX TURBO und erst danach die TUBITHERM-FLOCK-Folie angebracht.

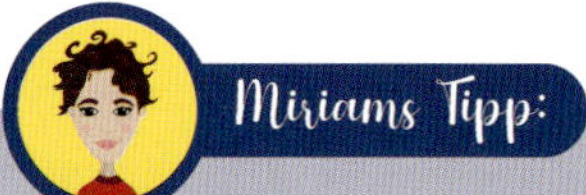

Kombinierst du dünnere und dickere Folien (wie z.B. POLI-FLEX TURBO und TUBITHERM FLOCK), presse nach Möglichkeit zuerst die dünneren Folien auf. Auf diese Weise erhalten alle Folien den nötigen Druck, der für eine dauerhafte Verankerung nötig ist.

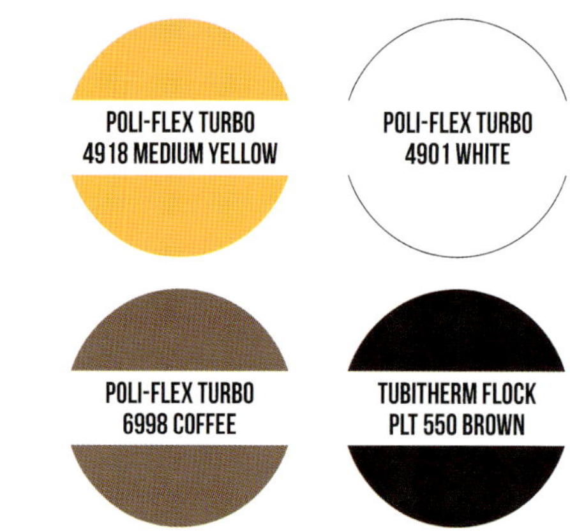

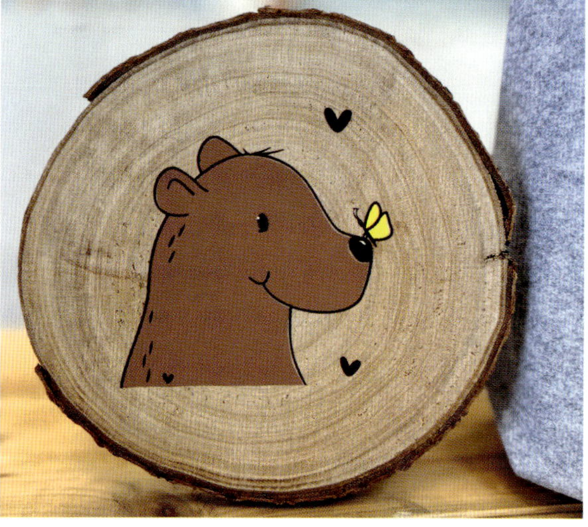

Wenn du ganz genau schaust, kannst du auch zwei weiße Glanzpunkte auf dem Auge und auf der Nase erkennen. Hier habe ich etwas getrickst, da man ja keine Folie auf TUBITHERM FLOCK aufpressen kann bzw. soll, weil sich diese nicht dauerhaft auf den Flockfasern verankert. In meinem Fall reicht eine leichte Verankerung aus und ich habe die Glanzpunkte vorsichtig aus POLI-FLEX TURBO mit einer kleinen Handpresse angebracht.

Variante 2: Eisbär

Ein Bär kommt aber selten allein. Und was passt besser zu einem Braunbären als ein Eisbär? Daher habe ich dir dieses Motiv gleich noch einmal völlig anders umgesetzt.

Veredelt habe ich eine Filztasche und für den flauschigen Eisbärfelleffekt TUBITHERM-FLOCK-Folie verwendet.

Erinnere dich, dass du bei Flockfolie darauf achten musst, nicht zu viel Druck auszuüben, damit die Flockfasern nicht beschädigt bzw. zu stark nach unten gedrückt werden und der schöne Effekt erhalten bleibt.

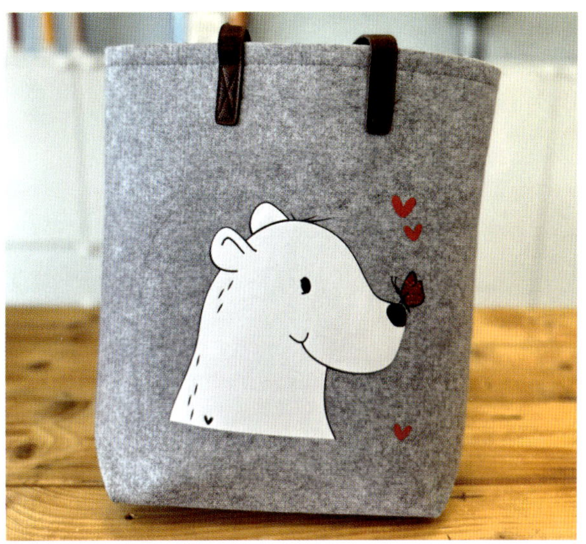

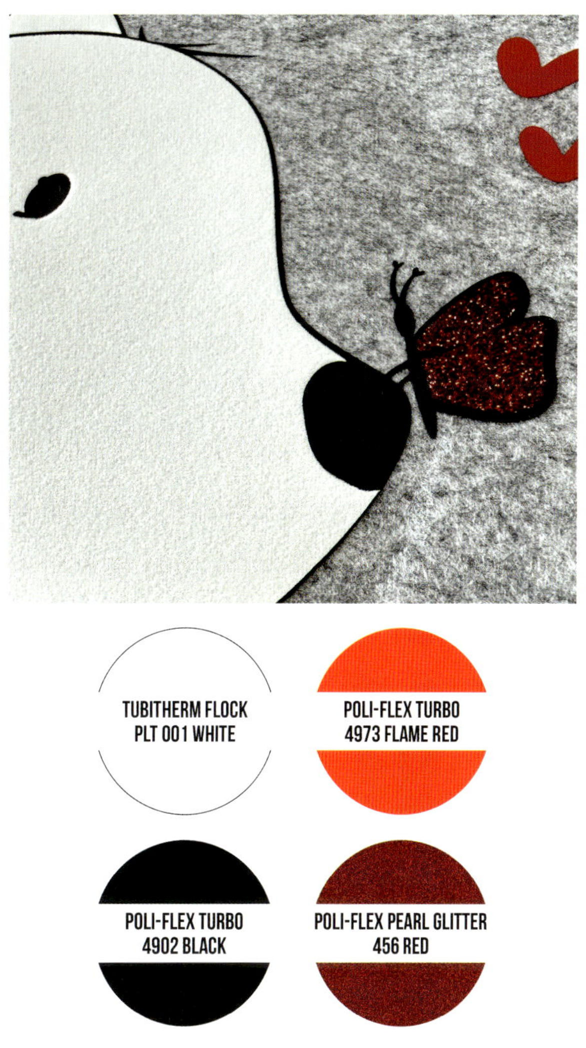

Projekt 6: Cherie

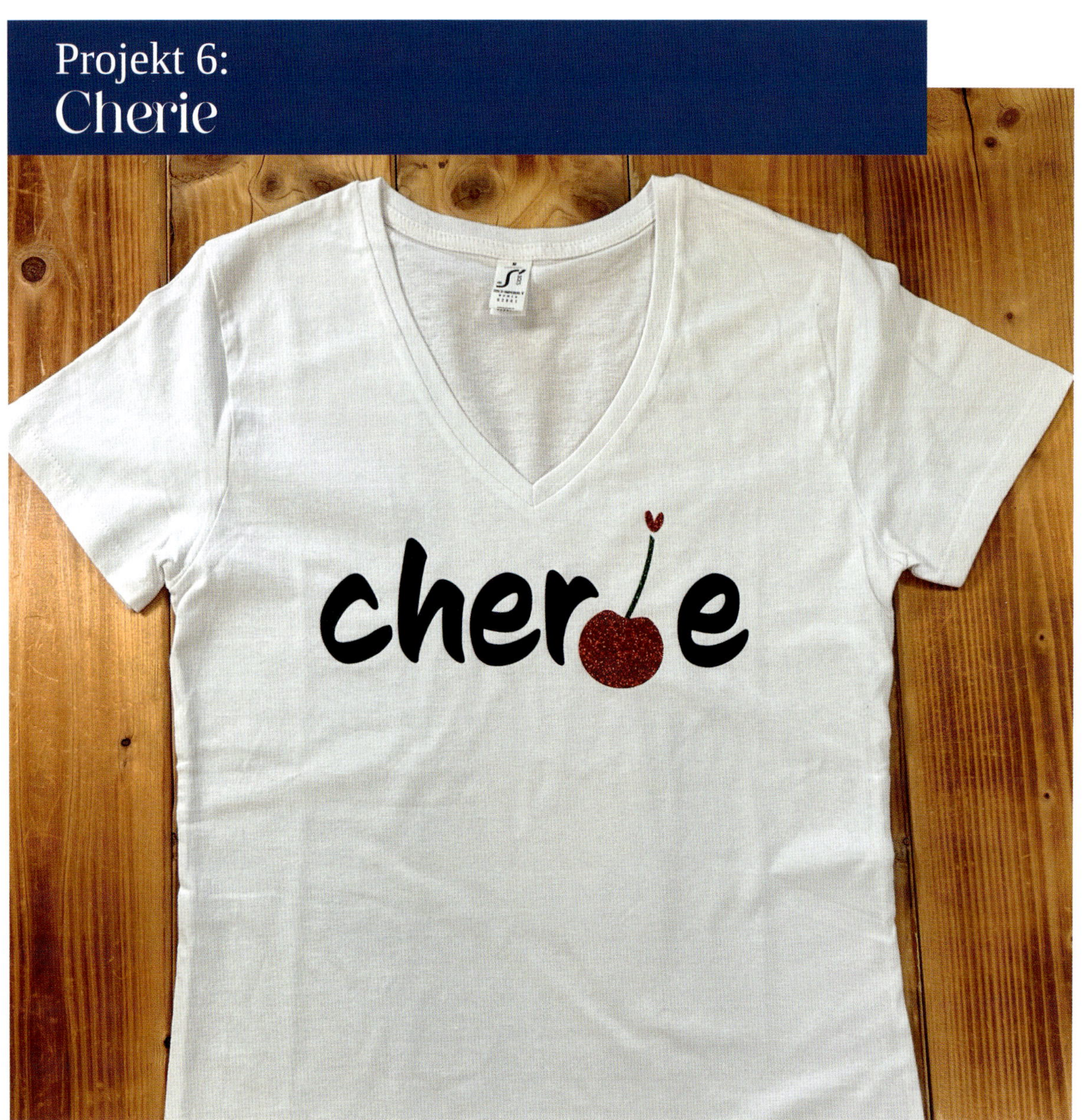

Um dieses Projekt zu plotten, verwende bitte folgende Datei:

»CherieKirsche Plott by GroWidesign«

Dass sich TUBITHERM-FLOCK-Folie sehr gut für Tiermotive bzw. Designs mit extra Kuschelfaktor eignet, hast du im vorherigen Projekt gesehen. Nun möchte ich dir ein Design zeigen, dass sich besonders gut für junge Mädchen, aber selbstverständlich auch für Erwachsene eignet und das sich perfekt mit TUBITHERM FLOCK oder auch POLI-FLEX PEARL GLITTER umsetzen lässt. Beide Folien werden in diesen Umsetzungen als Highlight für das ganz besondere Extra eingesetzt. Denn warum soll nicht auch eine Kirsche samtig weich oder richtig schillernd und glitzernd sein?

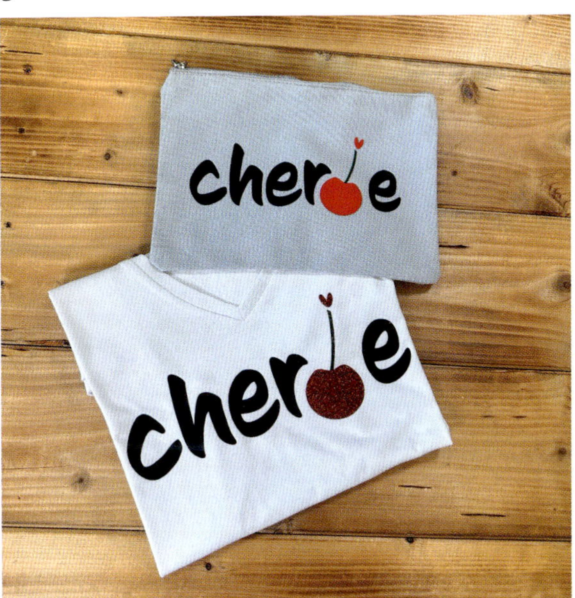

Wenn du dich trotz der vorherigen Projekte noch nicht getraut hast, mehrfarbig zu plotten, eignet sich dieses Design besonders gut für eine erste mehrfarbige Umsetzung.

Die einzelnen Farbfolien liegen hier nämlich schön neben- und nicht ineinander. Dies macht es besonders leicht, die unterschiedlichen Folien und Farben anzubringen, ohne dass du auf die mögliche Schrumpfung der Folien achten musst.

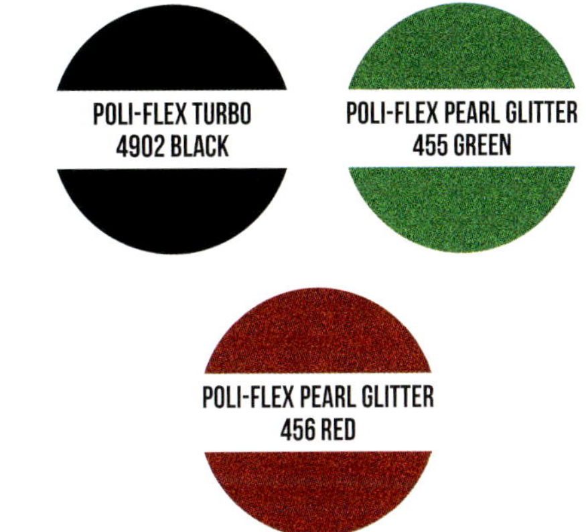

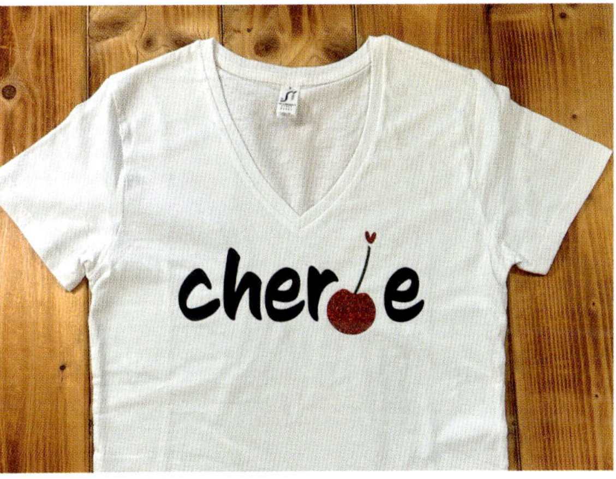

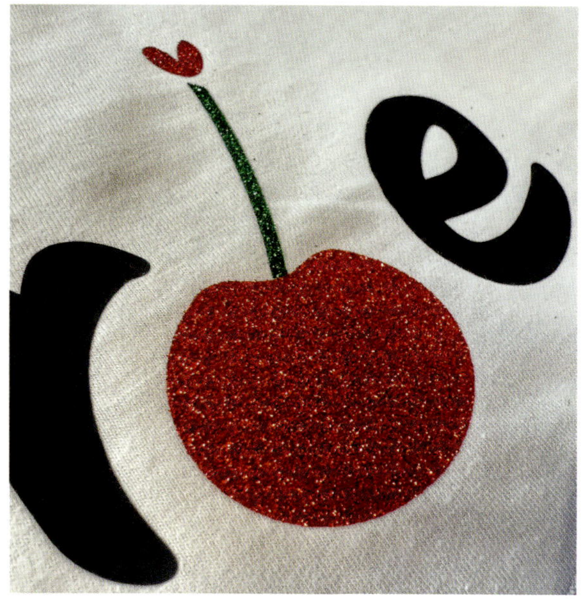

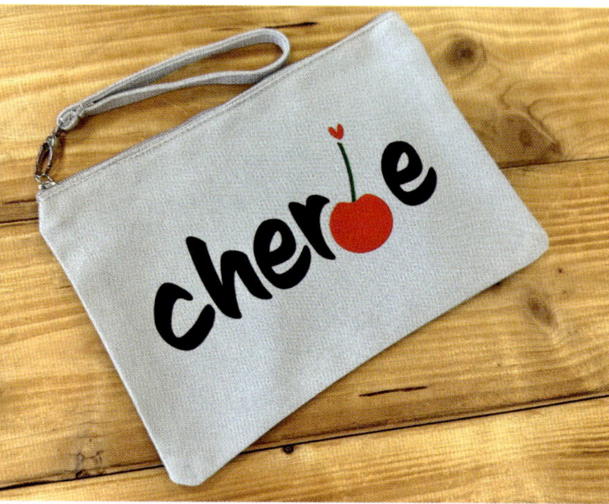

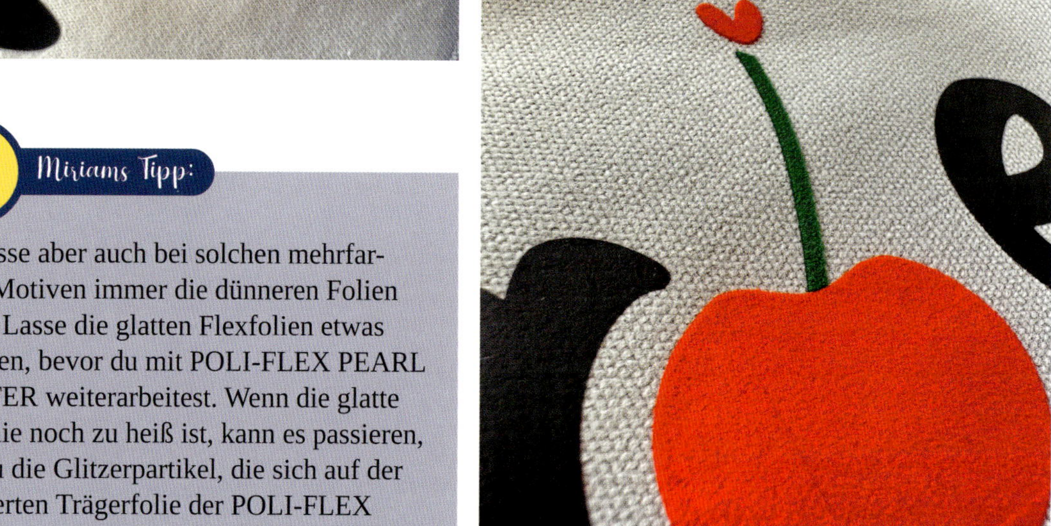

Miriams Tipp:

Verpresse aber auch bei solchen mehrfarbigen Motiven immer die dünneren Folien zuerst. Lasse die glatten Flexfolien etwas abkühlen, bevor du mit POLI-FLEX PEARL GLITTER weiterarbeitest. Wenn die glatte Flexfolie noch zu heiß ist, kann es passieren, dass du die Glitzerpartikel, die sich auf der entgitterten Trägerfolie der POLI-FLEX PEARL GLITTER befinden, in die Flexfolie drückst. Diese Glitzerpartikel gehen aber spätestens nach dem Waschen wieder ab.

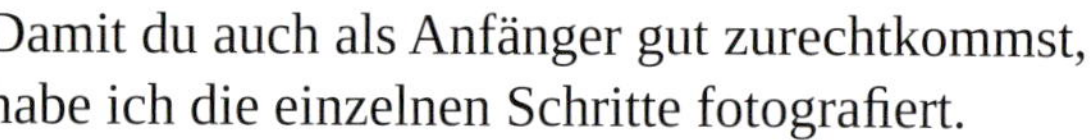

Damit du auch als Anfänger gut zurechtkommst, habe ich die einzelnen Schritte fotografiert.

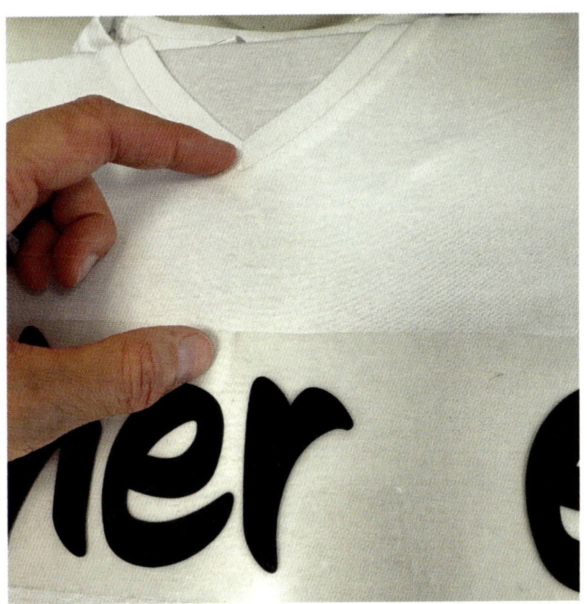

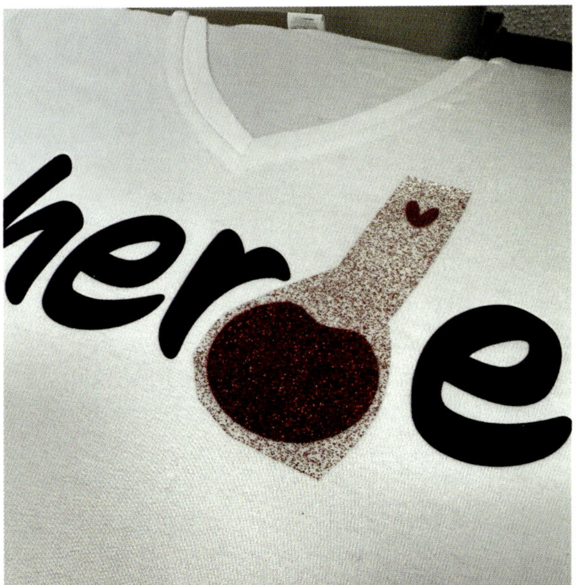

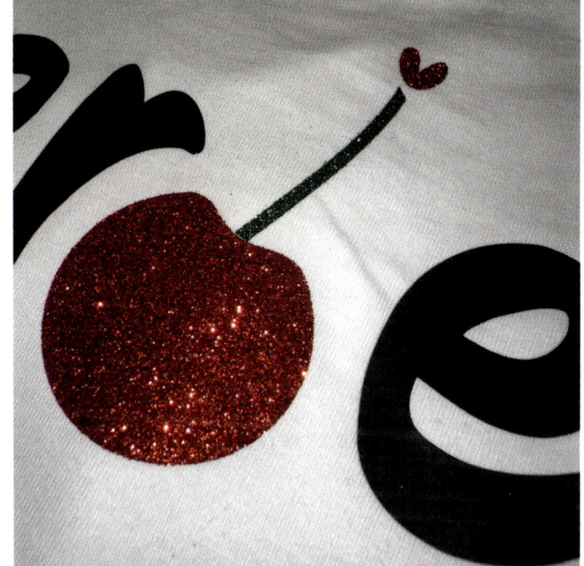

Es gibt zwar Hilfsmittel (z.B. ein Speedgauge), mit denen du die Abstände für die Positionierung genau ausmessen kannst, ich verwende jedoch meist meine Finger sowie ein Lineal oder Geodreieck, um die richtige Position für mein Design zu finden. Zuerst habe ich die dünnere POLI-FLEX TURBO kurz aufgepresst und bei der POLI-FLEX PEARL GLITTER die Trägerfolie so abgeschnitten, dass sie nicht mit der Flexfolie in Berührung kommt. Erst im dritten Pressvorgang (mit der grünen POLI-FLEX PEARL GLITTER) habe ich die gesamte Presszeit von 15 Sekunden angewandt. (Erinnerung: Die Pressdauer beim letzten Pressvorgang richtet sich immer nach der »schwächsten« Folie, also jener, die am meisten Hitze und Temperatur benötigt.)

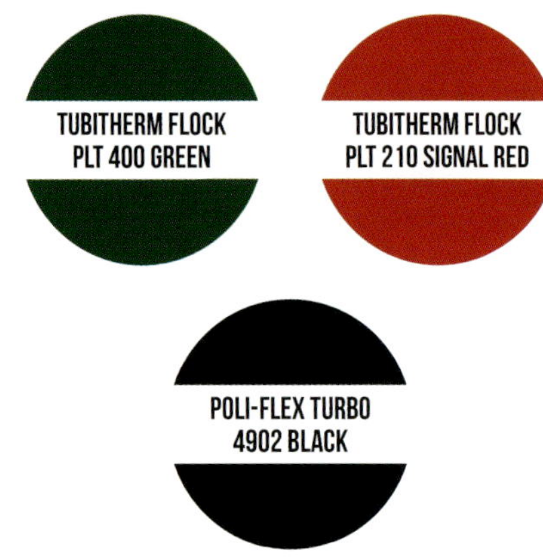

Projekt 7: Hello Summer

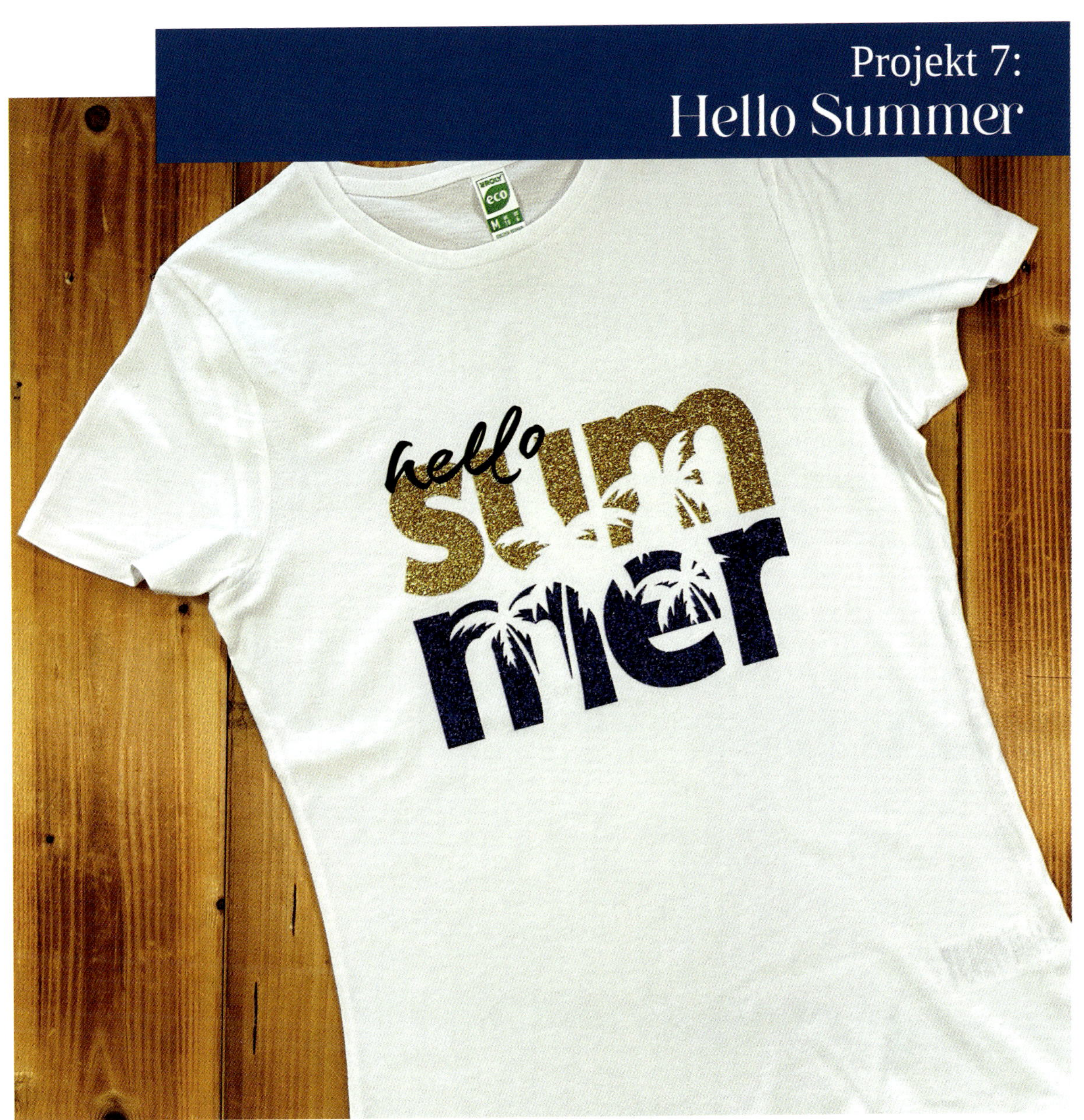

Um dieses Projekt zu plotten, verwende bitte folgende Datei:

»hellosummer Plott by GroWidesign«

Du hast nun bereits erfolgreich ein einfaches mehrfarbiges Motiv umgesetzt. Jetzt wagen wir uns gemeinsam an den nächsten Schritt. Diese Datei macht es dir dabei sehr einfach, mit dem einlagigen Verarbeiten zu beginnen. Ich habe hier gleich zwei Varianten für dich vorbereitet, damit ich dir weitere Tipps und Tricks verraten kann.

Für das T-Shirt habe ich mich für POLI-FLEX PEARL GLITTER und POLI-FLEX TURBO entschieden. Die beiden Glitzerfarben liegen nebeneinander. Einzig das »hello« musst du vor dem Schneiden der Folien in der Datei vom »sum« subtrahieren, um nicht schichten zu müssen (Erinnerung: Auf die POLI-FLEX PEARL GLITTER kann aufgrund ihrer groben Oberflächenstruktur keine andere Folie aufgepresst werden).

Damit du alles sicher umsetzen kannst, habe ich sowohl für Brother als auch Cricut und Silhouette Screenshots für das Subtrahieren erstellt.

Brother

1. Markiere sowohl das »hello« als auch das »sum« und klicke beim Bearbeiten-Panel (das ist rechts in der Leiste das zweite von oben) im Bereich »Überlappungen verarbeiten« auf das dritte Symbol von links »Überlappung entfernen«.

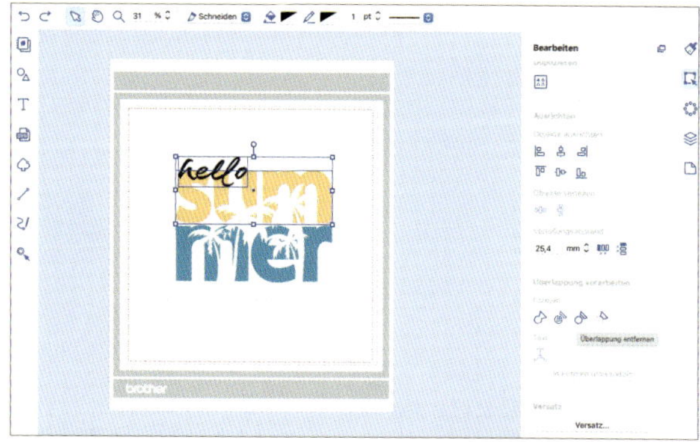

2. Es sieht zunächst so aus, als wäre nichts passiert. Wenn du aber das »hello« auf die Seite ziehst, siehst du, dass die Überlappung abgezogen, also subtrahiert wurde.

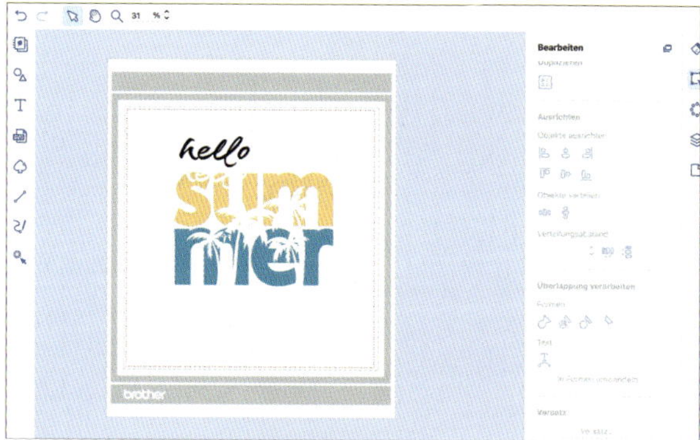

Cricut

1. Erstelle zunächst von dem »hello« eine Kopie, die du auf der Seite ablegst. Markiere sowohl das »hello« als auch das »sum« und klicke unten rechts in der Leiste unter »Kombinieren« auf »Subtrahieren«.

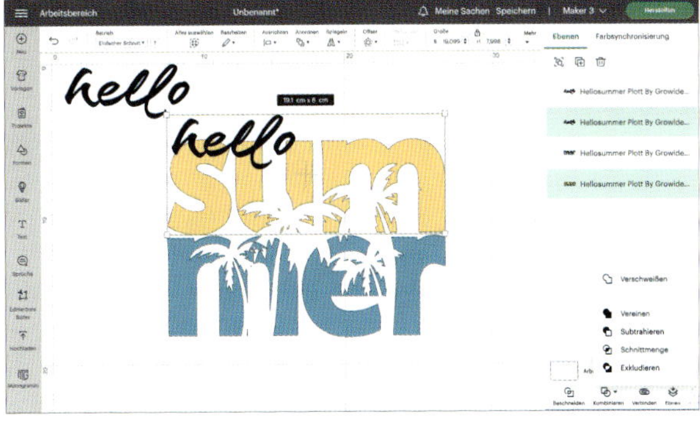

2. Das »hello« wird nun vom »sum« abgezogen und verschwindet dabei. Das ist der Grund, weshalb du im ersten Schritt eine Kopie davon erstellen musstest.

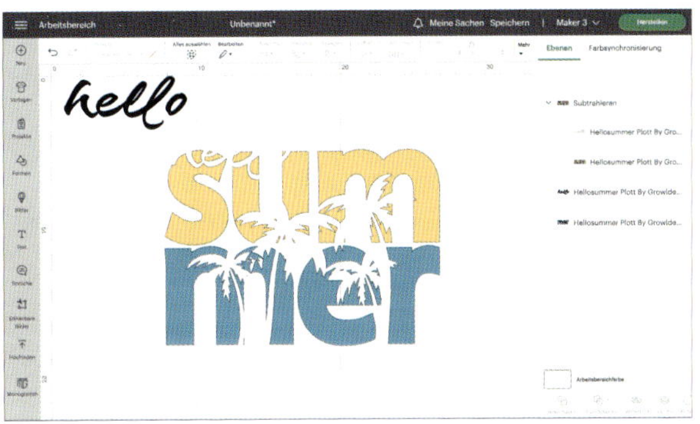

Silhouette

1. Markiere sowohl das »hello« als auch das »sum« und wähle im Modifizierungs-Panel »Alle subtrahieren«.

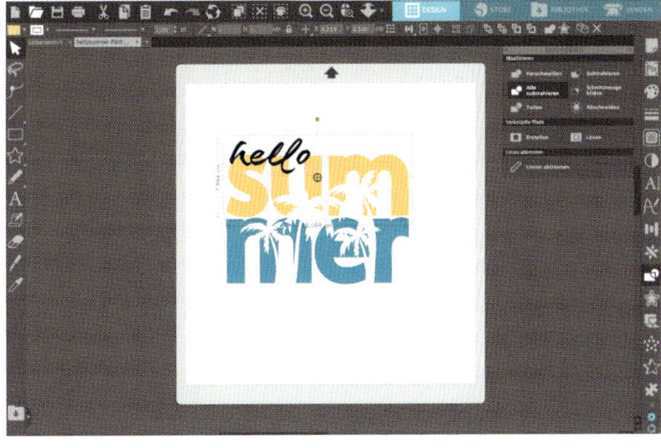

2. Es sieht zunächst so aus, als wäre nichts passiert, wenn du aber das »hello« auf die Seite ziehst, siehst du, dass die Überlappung abgezogen, also subtrahiert wurde.

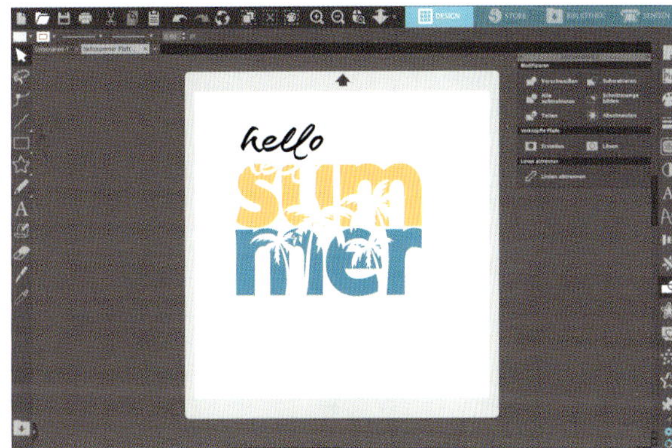

Nachdem du das Design aufbereitet hast (vergiss vor dem Schneiden nicht zu spiegeln), kannst du nun mit dem Verpressen beginnen. Presse dein Textil wie immer vor und fange mit der dünnen Folie an.

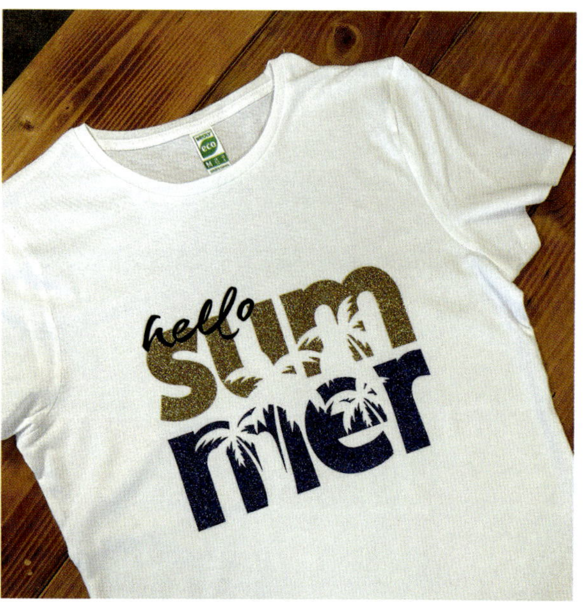

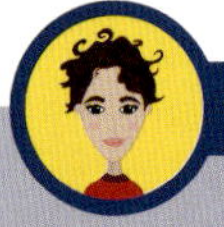

Miriams Tipp:

Setze wie gewohnt die einzelnen Schichten deines Motivs vor dem Verpressen zusammen, damit du weißt, wo du die erste Folie (in meinem Fall das »hello«) positionieren musst.

Führe die restlichen Schritte wie gewohnt aus und nach drei Pressvorgängen hast du auch schon dein fertiges, mehrfarbiges T-Shirt in der Hand.

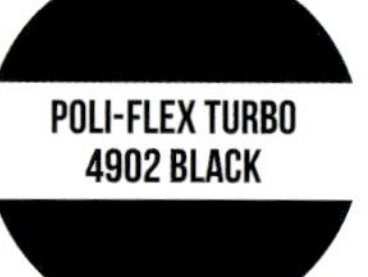

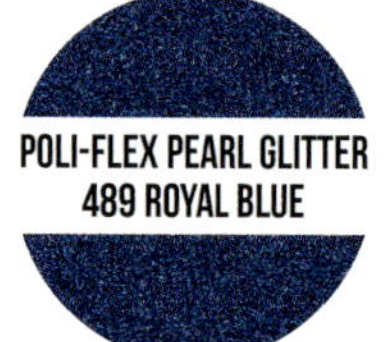

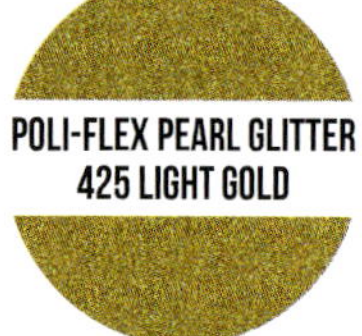

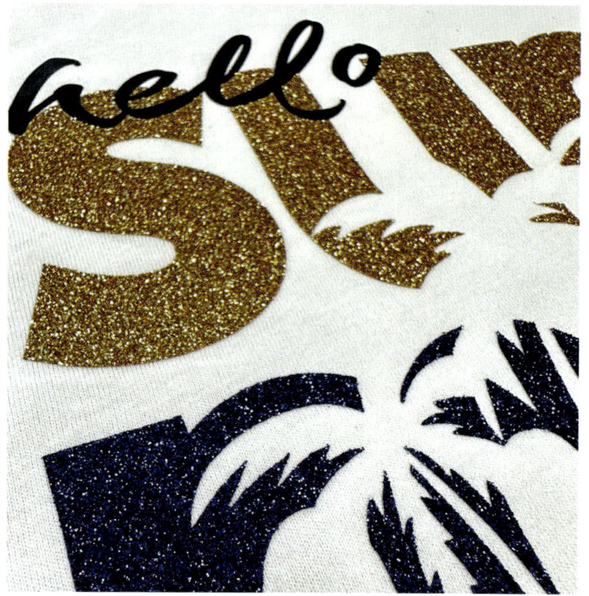

Variante: Handtasche

Damit du richtig Übung bekommst und das mehrfarbige Plotten immer einfacher wird, habe ich mir ein zweites Projekt zu diesem Motiv ausgesucht. Wir veredeln eine kleine Handtasche aus Kunstleder.

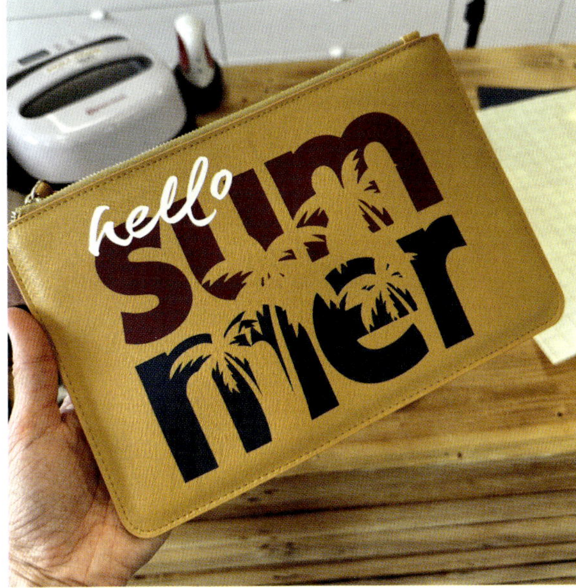

Hier gehst du im Grunde identisch vor wie bei dem T-Shirt. Es spielt dabei allerdings keine Rolle, mit welcher Folienfarbe du zu pressen beginnst, da wir hier nur POLI-FLEX-TURBO-Folien einsetzen. Achte darauf, nicht zu fest zu pressen, denn der Kleber kann hier, anders als bei Stoff, nicht tief eindringen. Wenn du zu fest presst, kann es passieren, dass du den Heißschmelzkleber seitlich herausdrückst und leichte Ränder entstehen. Sollte dir das mal passieren, presse mit einem sauberen Baumwollstoff kurz nach. Mit etwas Glück nimmt der Baumwollstoff den herausgedrückten Kleber auf.

Für sensible Untergründe wie Kunstleder ist POLI-FLEX TURBO gut geeignet, weil diese Folie bereits bei 130 Grad und nur 5 Sekunden verpresst werden kann. Schütze deine Tasche, indem du sie mit Backpapier oder einem Teflon-Sheet gut abdeckst. Achte darauf, dass du nicht direkt mit der Heizfläche an die Tasche kommst, da diese sonst schmilzt.

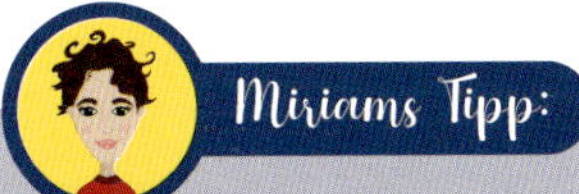

Führe vor der ersten Anwendung einen Test durch, um sicherzustellen, dass dein Textil / Material die Hitze auch wirklich verträgt.

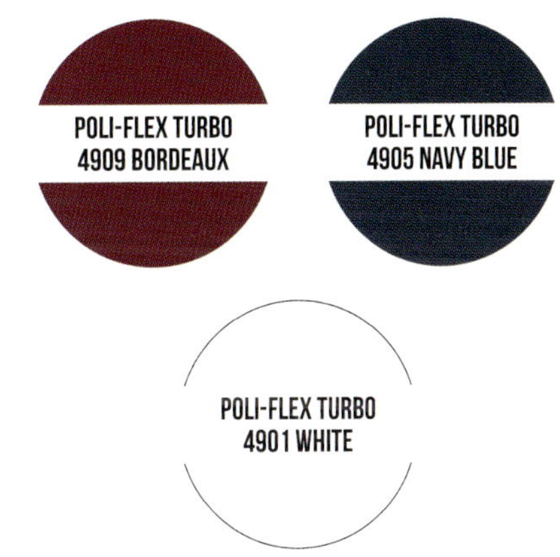

Projekt 8:
Boho-Panda

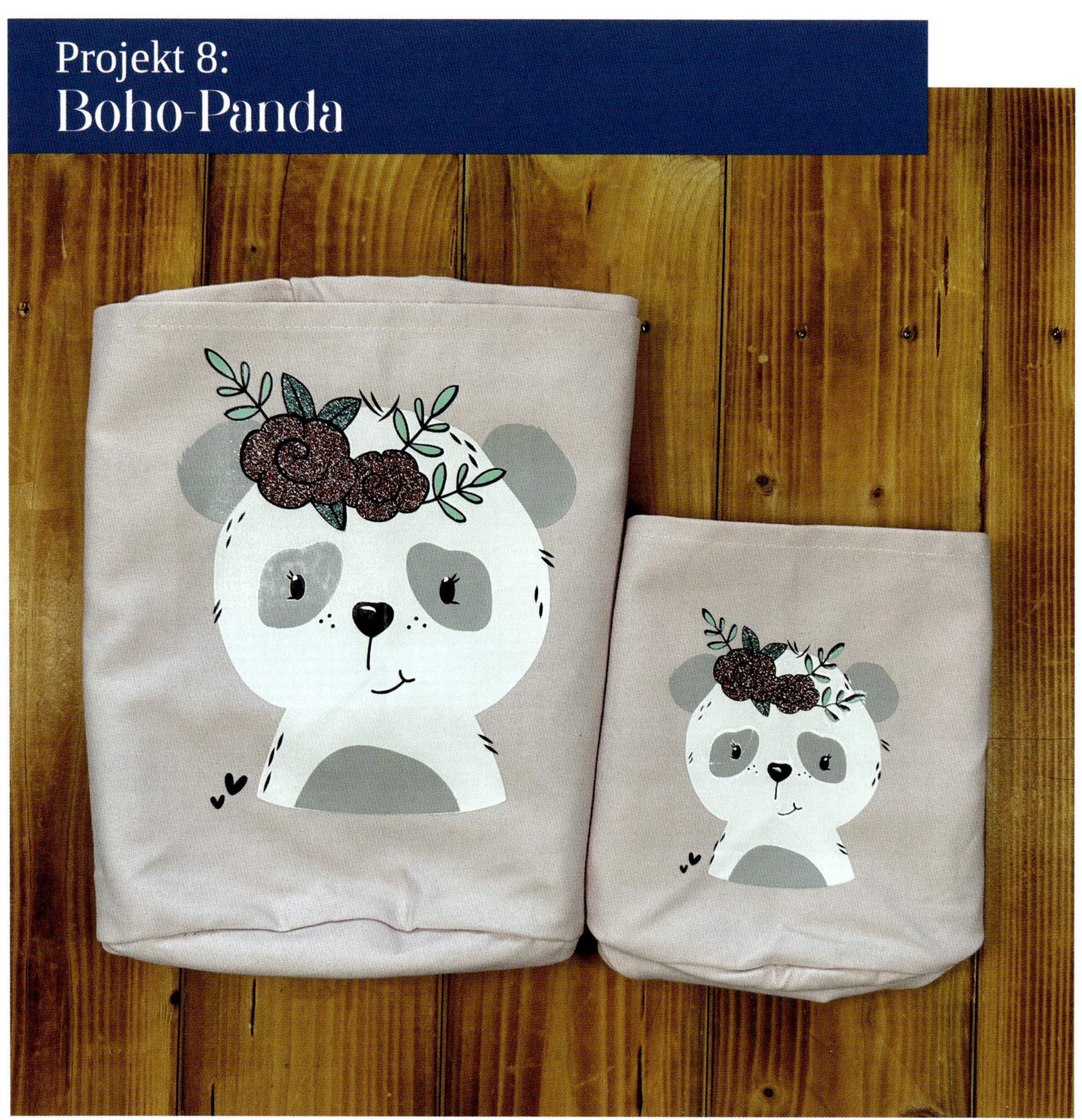

Um dieses Projekt zu plotten, verwende bitte folgende Datei:

»BohoPANDA Plott by TAPE«

Nachdem du nun wirklich schon einiges gesehen hast und üben konntest, habe ich jetzt eine neue Aufgabe für dich. Dieser entzückende Boho-Panda eignet sich hervorragend dazu, mit etwas mehr Aufwand in Szene gesetzt zu werden. Einmal mehr kombinieren wir POLI-FLEX TURBO mit POLI-FLEX PEARL GLITTER. Ob du einlagig oder mehrlagig arbeiten möchtest, überlasse ich dir. Ich habe mich hier für die mehrlagige Variante entschieden.

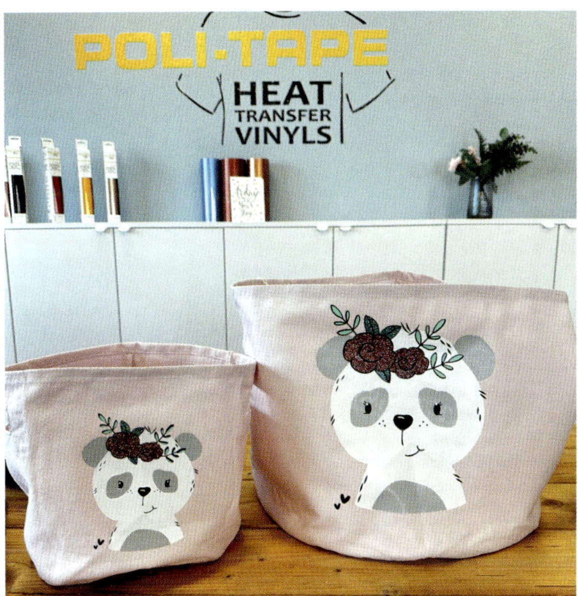

Die Herausforderung bei diesen stabileren Stofftaschen ist die richtige Anbringung der Folien.

Nicht mit jeder Presse lassen sich solche Objekte einfach unter der Heizplatte positionieren und auch der feste Boden und die dicken Seitennähte können das Aufbringen der Folien zu einer echten Challenge machen.

Jetzt ist der richtige Zeitpunkt, dir das im zweiten Teil bereits vorgestellte Ausgleichskissen im Einsatz zu zeigen. Wie du auf den Bildern erkennen kannst, habe ich ein großes Ausgleichskissen in der Mitte zusammengefaltet und direkt in die Tasche gesteckt. Es sorgt beim Pressen dafür, dass der Druck trotz der dicken Nähte gleichmäßig verteilt wird.

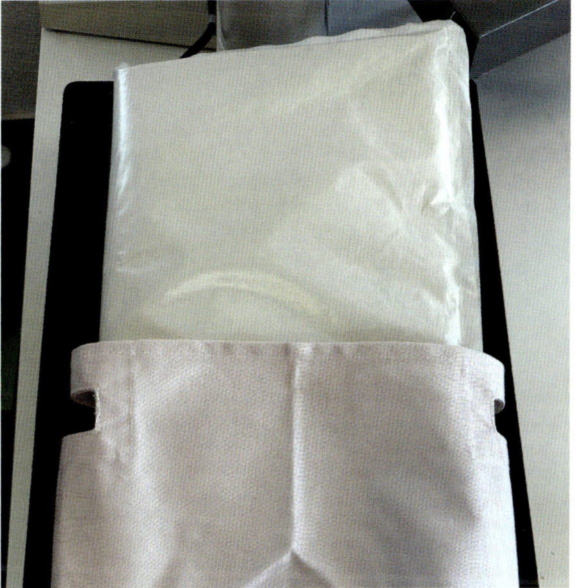

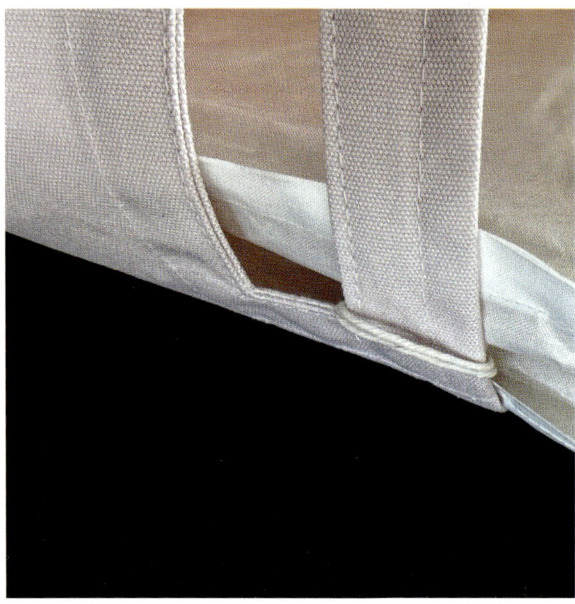

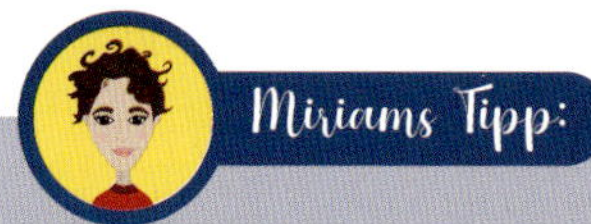

Überlege im Vorfeld immer gut, welche Folien du übereinander verarbeiten kannst und bereite dein Design entsprechend auf.

Wie immer habe ich das Motiv erst aus allen Folienteilen zusammengesetzt und dann mit der untersten Schicht mit dem Aufpressen begonnen. Da in meinem Fall die POLI-FLEX-PEARL-GLITTER-Folien oben angebracht wurden, war es nicht nötig, einlagig zu arbeiten. Hätte ich aber z. B. den weißen Körper mit POLI-FLEX PEARL GLITTER umsetzen wollen, wäre eine entsprechende Aufbereitung notwendig gewesen.

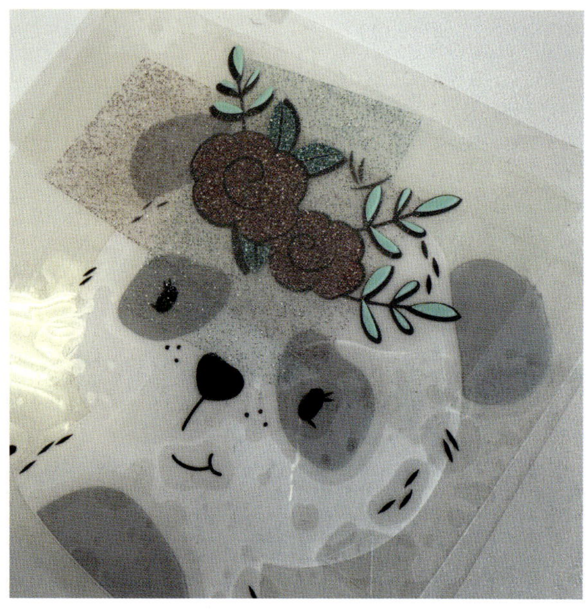

An dieser Stelle habe ich noch einen Extra-Tipp für dich, sollte dir das Entgittern von Glitzerfolie schwerfallen: Die Schnittlinien sind bei diesen Folien etwas weniger deutlich zu erkennen als bei anderen. Wenn du die geschnittene Folie jedoch leicht knickst, kannst du alle Schnittlinien gut erkennen und je nach Motiv die einzelnen Folienstücke mit den Fingern oder einem Entgitterwerkzeug entgittern.

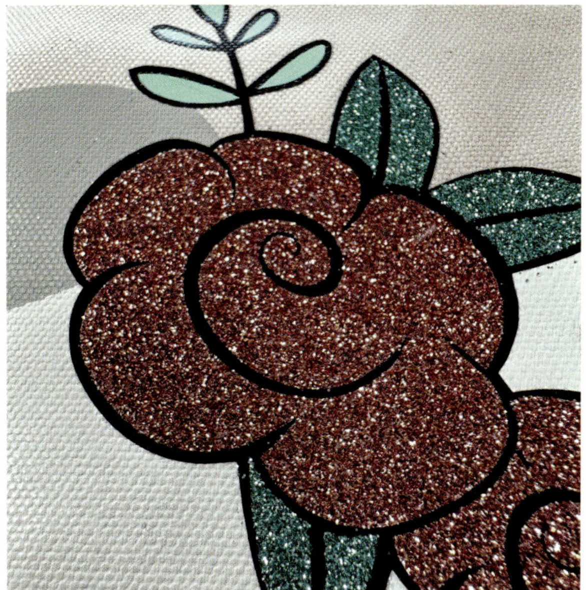

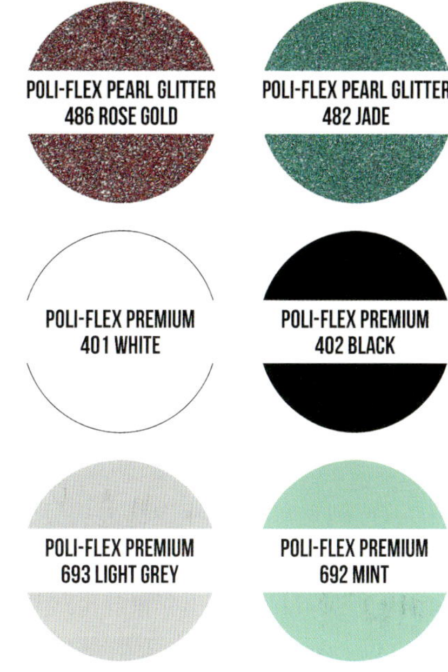

Projekt 9: Regenbogen-Fauli

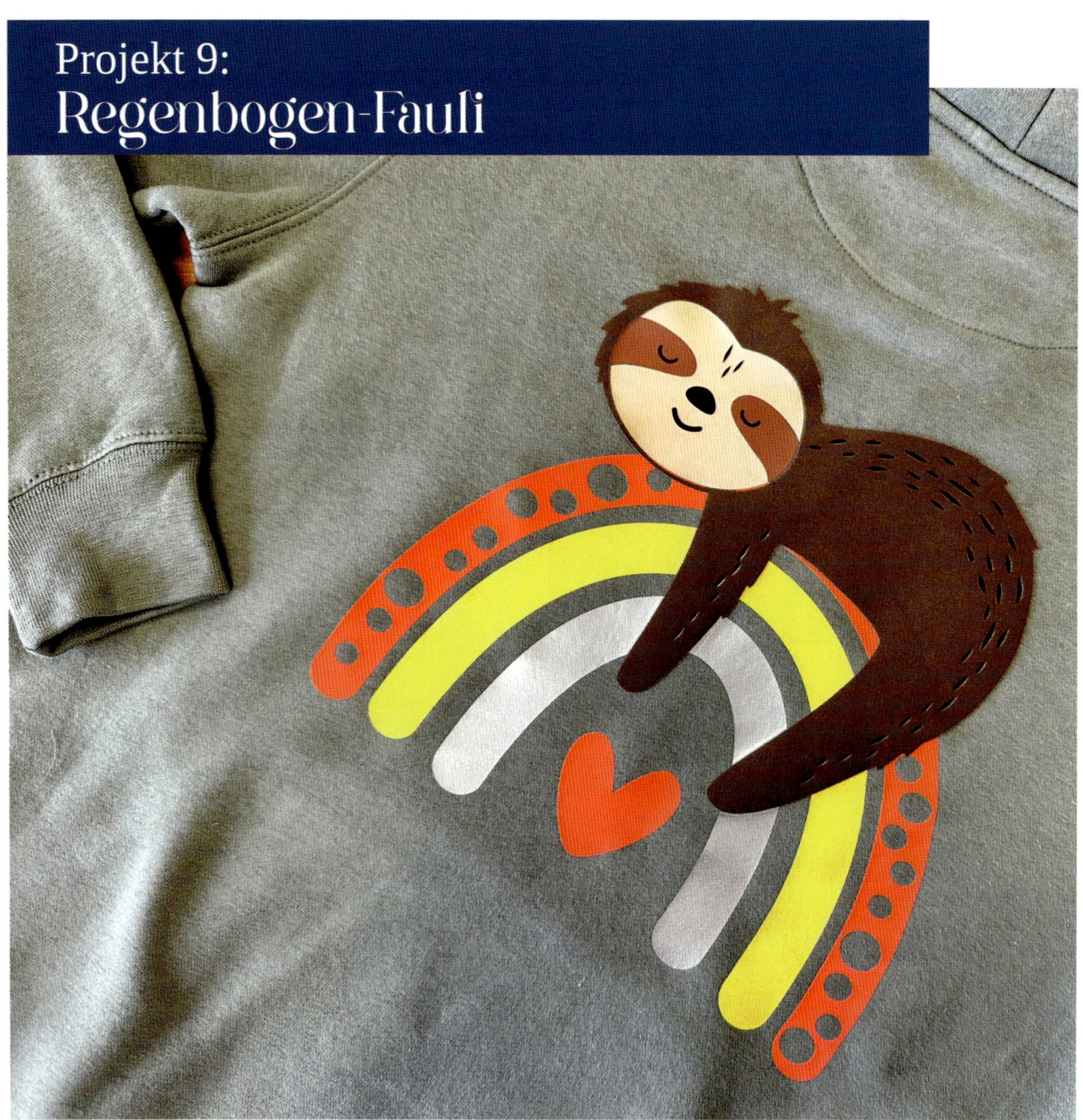

Um dieses Projekt zu plotten, verwende bitte folgende Datei:

»RegenbogenFAULI Plott by GroWidesign«

Mit diesem Projekt möchte ich dir zeigen, wie schön sich Flexfolien mit Flockfolien gemeinsam verarbeiten lassen. Gerade bei solchen Motiven wie dem Regenbogen-Fauli passt das einfach perfekt, oder? Der flauschige Flock imitiert das Fell des Kerlchens und im Handumdrehen entsteht ein kuscheliger neuer Wohlfühlpulli.

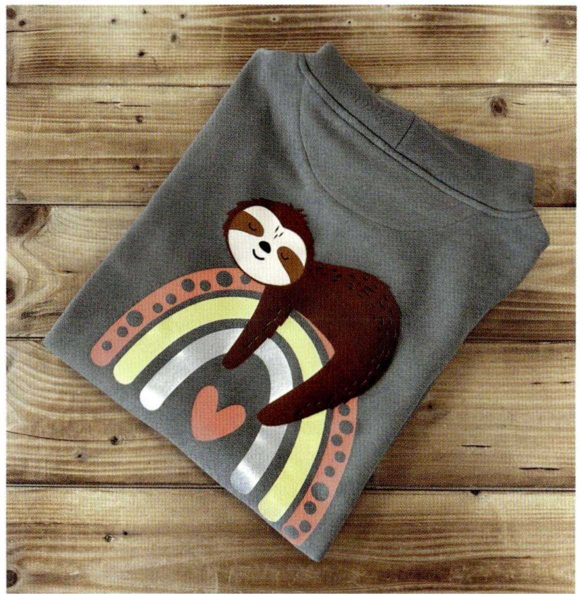

Das Gesicht des Faultiers ist bereits so erstellt, dass es einfarbig umzusetzen ist. Wenn du auch über dem Regenbogen nicht zweilagig verpressen möchtest, musst du das Faultier noch von den Regenbogenteilen subtrahieren.

Der Rest ist für dich inzwischen schon ein Kinderspiel: Alle Folien werden nach und nach verpresst, erst bei der allerletzten Folie mit der gesamten Presszeit. In meinem Fall muss ich am Ende 15 Sekunden bei 160 Grad verpressen, da die TUBITHERM FLOCK die höchste Hitze und längste Verpresszeit verlangt. Diese gibt damit die Parameter für den letzten Pressvorgang vor. Um deinen neuen Wohlfühlpulli perfekt zu machen, verpresse doch noch einen kleinen Regenbogen auf der Vorderseite. Das wirkt professionell und sieht richtig schön aus.

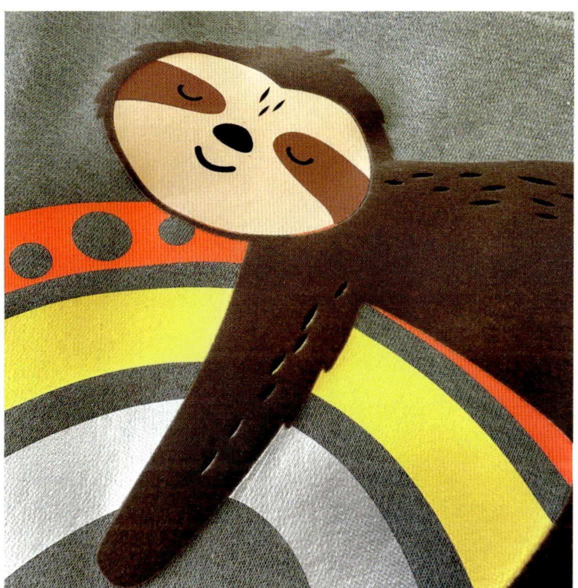

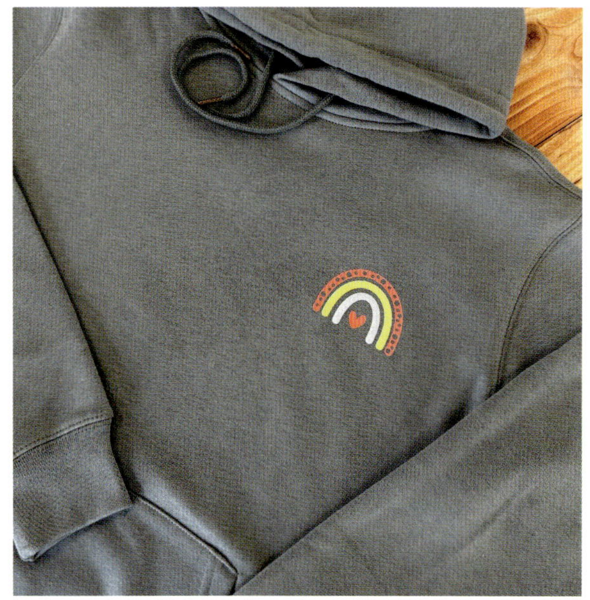

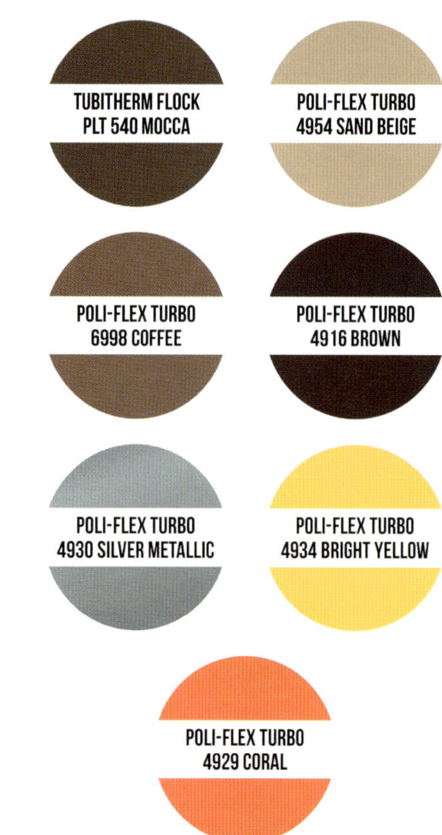
TUBITHERM FLOCK
PLT 540 MOCCA
POLI-FLEX TURBO
4954 SAND BEIGE
POLI-FLEX TURBO
6998 COFFEE
POLI-FLEX TURBO
4916 BROWN
POLI-FLEX TURBO
4930 SILVER METALLIC
POLI-FLEX TURBO
4934 BRIGHT YELLOW
POLI-FLEX TURBO
4929 CORAL

Projekt 10: Limited Edition

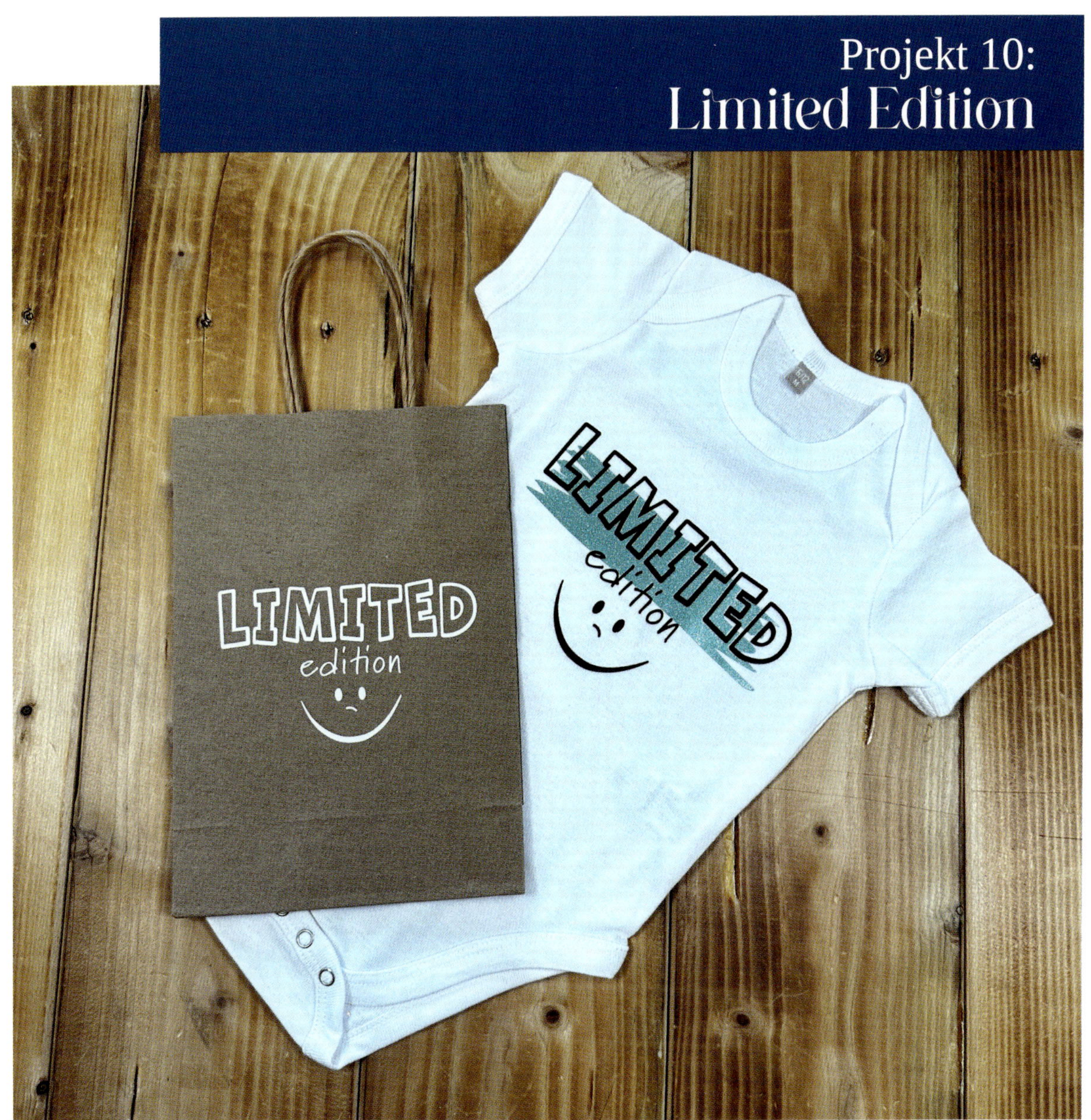

Um dieses Projekt zu plotten, verwende bitte folgende Datei:

»LimitedEdition Plott by GroWidesign«

Dass man Textilfolien nicht nur auf Stoff bzw. Textilien anbringen kann, hast du bei unserem Projekt mit der Holzscheibe bereits gesehen. Aber auch für Papier setzte ich vor allem POLI-FLEX TURBO sehr gerne ein. Folie auf Papier oder Karton verleiht deinem Projekt eine besonders edle Anmutung und sieht sehr hochwertig aus.

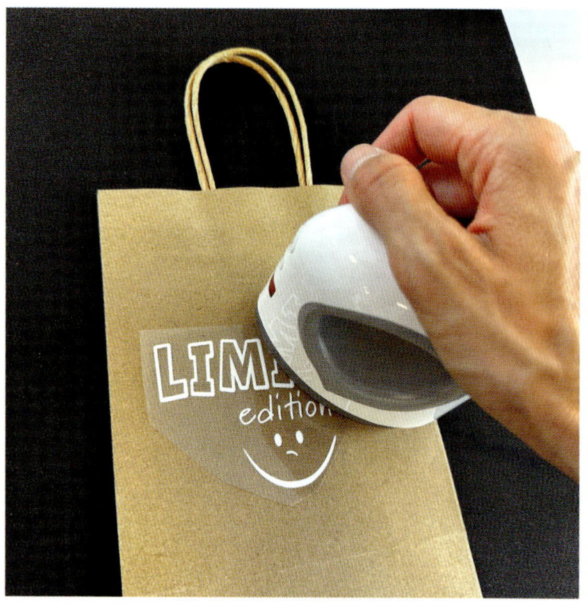

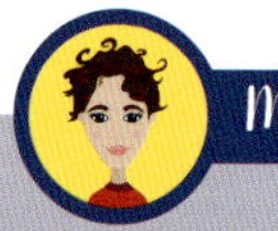

Miriams Tipp:

Am einfachsten arbeitest du hier mit einer kleinen Handpresse und bringst das Motiv in kleinen, kreisenden Bewegungen an. Drücke dabei nicht zu stark, um zu verhindern, dass der Heißschmelzkleber seitlich hervorquillt.

POLI-FLEX TURBO
4901 WHITE

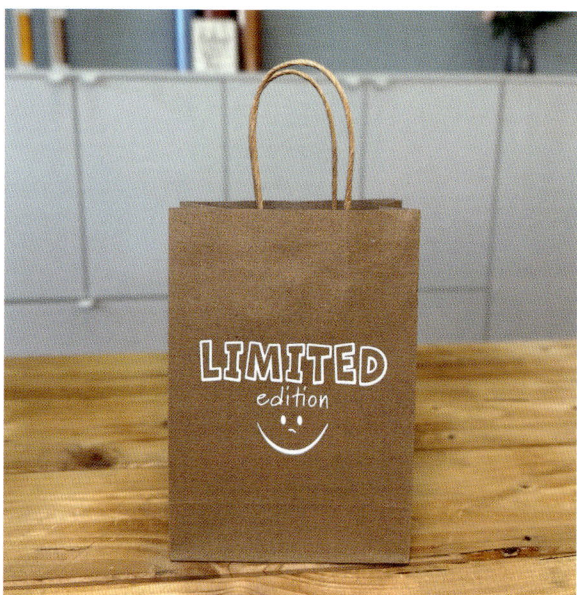

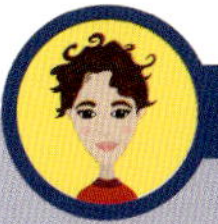

Miriams Tipp:

Für Papier eignet sich POLI-FLEX TURBO besonders gut, da sie mit 130 Grad und wenigen Sekunden angebracht werden kann. Das schont das Papier und es wellt nicht. Meist reicht auch etwas weniger Zeit als vorgeschrieben, da das veredelte Papier keinem Waschgang standhalten muss.

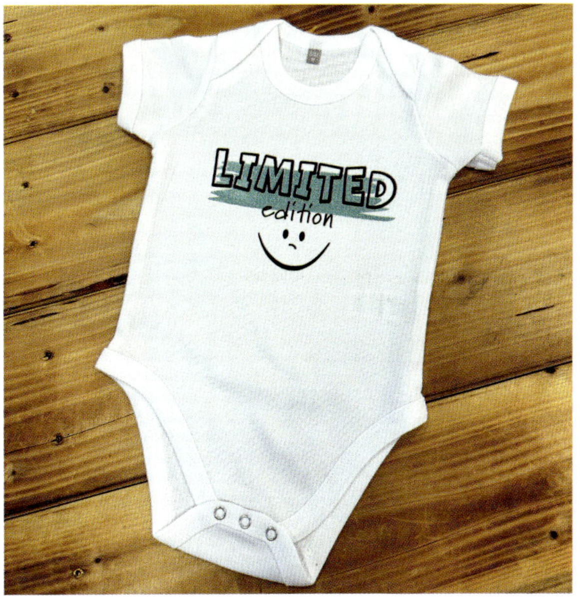

Variante: Strampler

Da wir gerade die perfekte Verpackung für ein kleines Geschenk erstellt haben, machen wir doch auch dieses direkt dazu.

Damit ich dir weitere schöne Folienkombinationen vorstellen kann, habe ich mich für POLI-FLEX GLITTER und TUBITHERM FLOCK entschieden. Die Farben sind neutral gewählt, sodass es sowohl für Mädchen als auch Jungen passt.

Ich habe in diesem Fall zweilagig gearbeitet und die schwarze Flockfolie direkt auf die POLI-FLEX GLITTER aufgepresst. Sie besitzt eine glatte Oberfläche, da die Glitterpartikel eingeschlossen sind. Ein Verpressen direkt auf diese Oberfläche ist möglich.

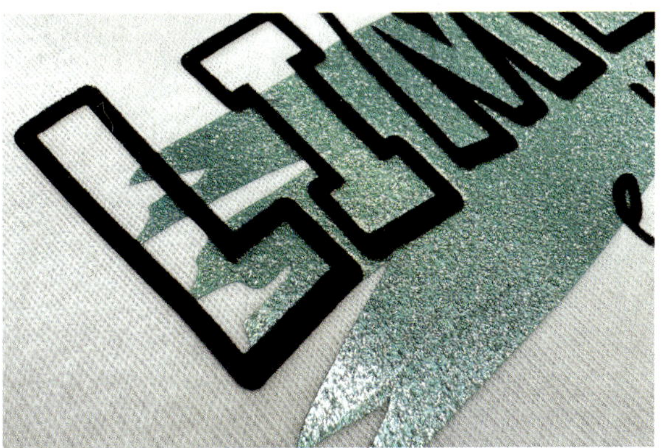

POLI-FLEX IMAGE
696 GLITTER MINT

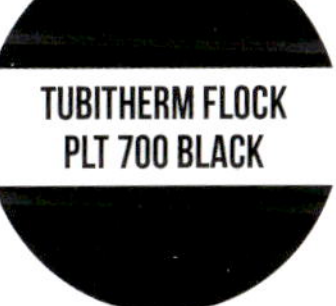

Projekt 11:
Rakete

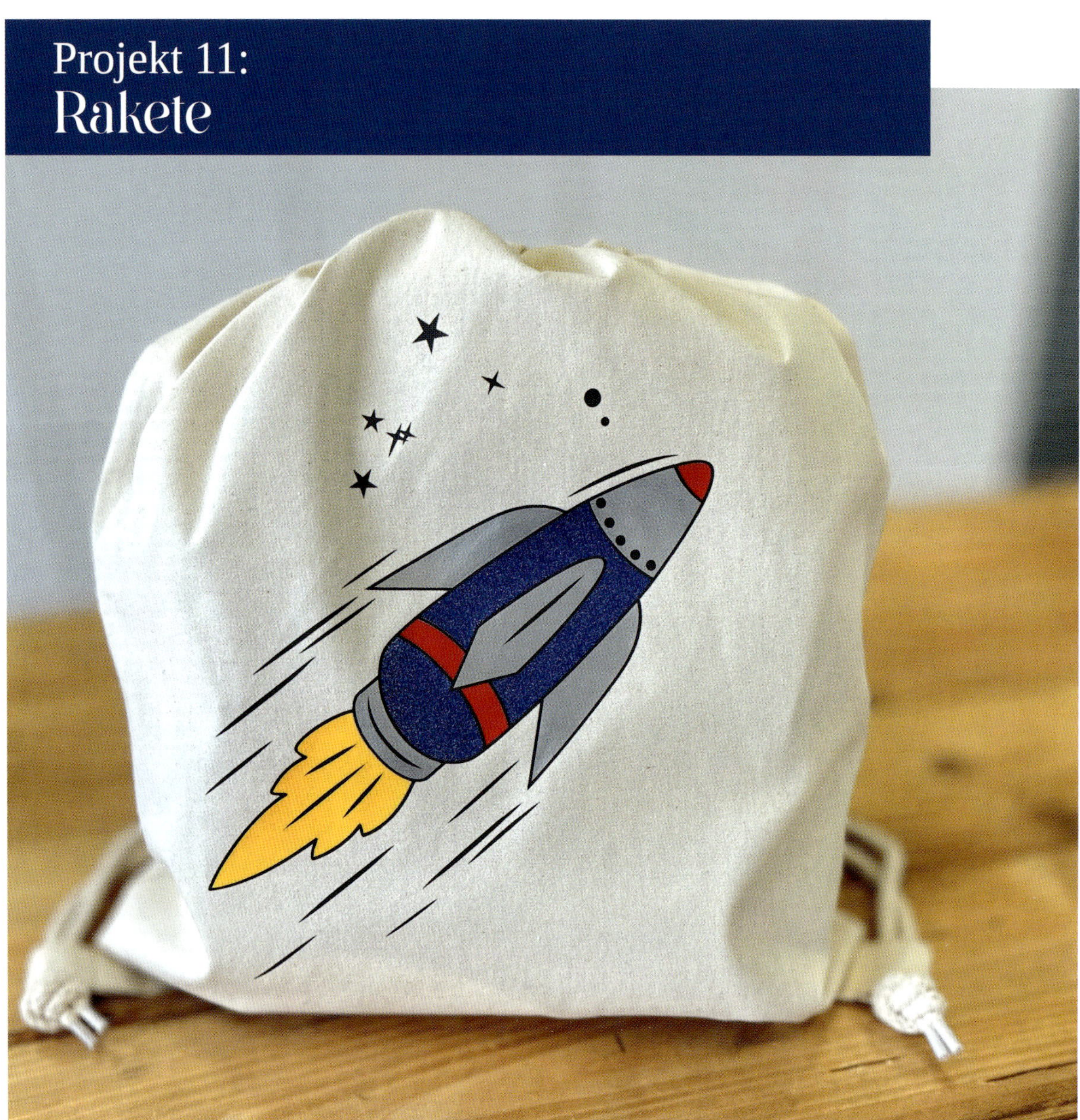

Um dieses Projekt zu plotten, verwende bitte folgende Datei:

»Rakete Plott by GroWidesign«

Bleiben wir noch ein wenig bei der POLI-FLEX GLITTER. Diese lässt sich nämlich, trotz Glitterpartikeln, auch für schöne Jungenmotive einsetzen. Jungs stehen ja meist nicht im gleichen Maße auf Glitzer wie Mädchen, aber richtig in Szene gesetzt, lassen sich auch »Glitzermuffel« dafür begeistern.

Dieses schöne Raketenmotiv habe ich mit POLI-FLEX TURBO und POLI-FLEX GLITTER umgesetzt. Ich habe hier einlagig gearbeitet und alle Teile ineinander gesetzt.

Wenn du mehrere Folien zusammen bzw. nacheinander verarbeitest, kann es vorkommen, dass die Kanten der Trägerfolie auf die bereits übertragene Folie gedrückt werden und unerwünschte Ränder hinterlassen.

Um dies zu vermeiden, hast du mehrere Möglichkeiten:

1. Du schneidest die Folien großzügig aus, sodass der Träger jeder zu verpressenden Folie das gesamte Motiv abdeckt.
2. Da Variante 1 meist unnötig viel Folie verbraucht, kannst du die Trägerfolie der einzelnen Folien knappkantig abschneiden. Dies hat gleich zwei Vorteile: Zum einen vermeidest du unschöne Kanten mitten in deinen Motiven, zum anderen lassen sich so mehrere Folienfarben gleichzeitig anbringen und du minimierst deine Pressvorgänge.

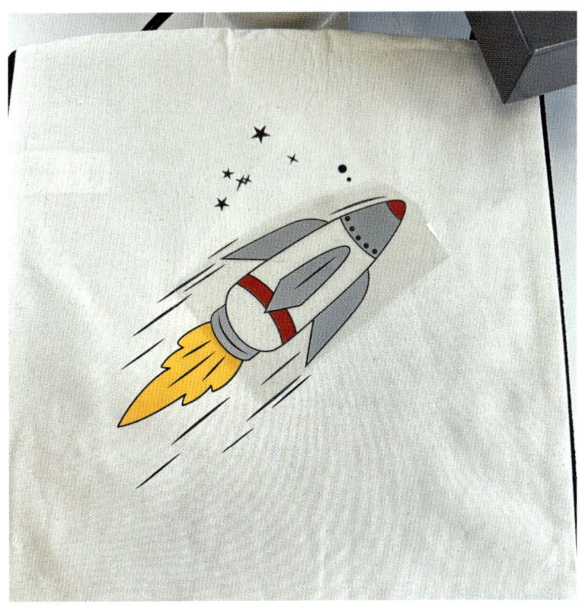

Die Trägerfolie deckt zwar die Rakete zur Gänze ab, die gelbe Flamme allerdings nicht. Hier kann es beim Verpressen zu den beschriebenen Kantenabdrücken kommen.

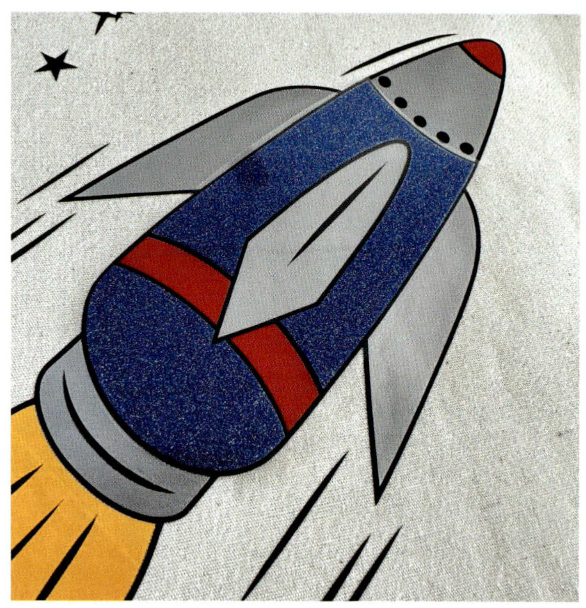

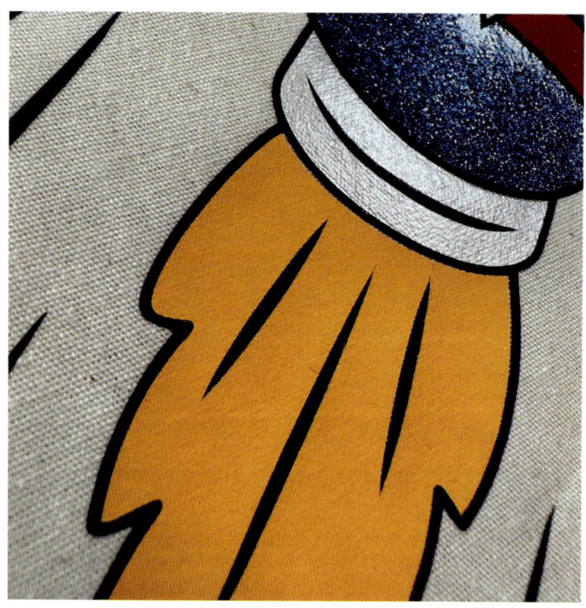

Du kannst den Abdruck der Trägerfolienkante sehen. Durch unmittelbares Nachpressen kannst du diese mit etwas Glück wieder herausbekommen oder reduzieren, sodass du sie kaum oder nicht mehr siehst.

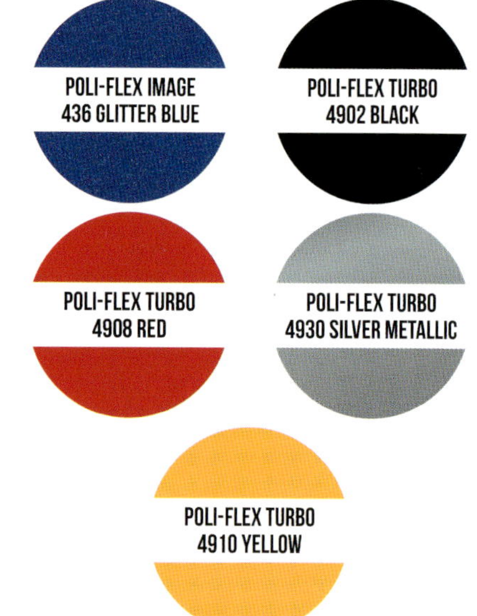

Projekt 12: Potti-Wal

Um dieses Projekt zu plotten, verwende bitte folgende Datei:

»POTTIWAL Plott by GroWidesign«

Nachdem ich bei der Rakete die POLI-FLEX GLITTER sehr dominant eingesetzt habe, setze ich bei diesem kleinen Pottwal nun kleine, aber feine Akzente.

Für die Umsetzung habe ich POLI-FLEX PREMIUM und POLI-FLEX GLITTER verwendet und einlagig gearbeitet. Du kannst daher kleine Blitzer bei den Detailaufnahmen erkennen.

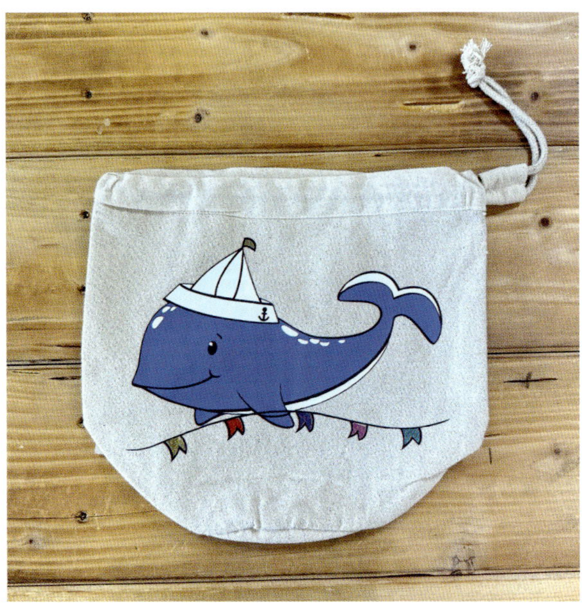

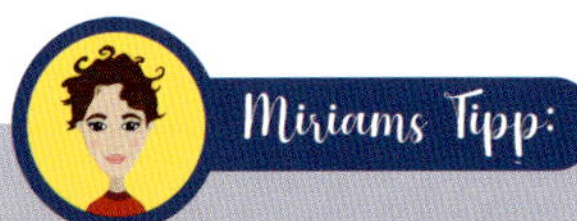

Als Blitzer werden die kleinen Lücken zwischen den Folien bezeichnet, durch die das Textil zu sehen ist. Dies tritt bei einlagigem Verarbeiten auf, kann aber richtig charmant wirken. Um Blitzer gänzlich zu vermeiden, muss mehrlagig gearbeitet werden.

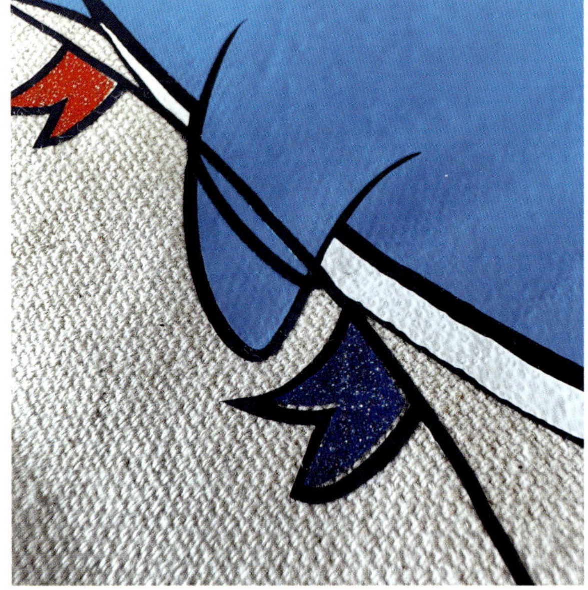

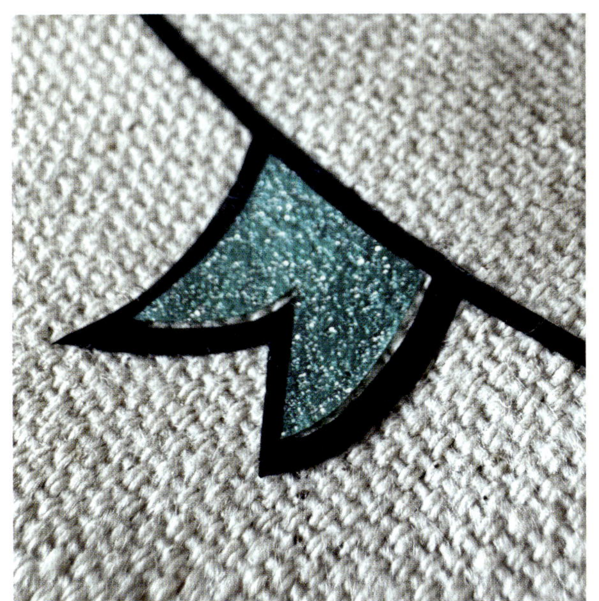

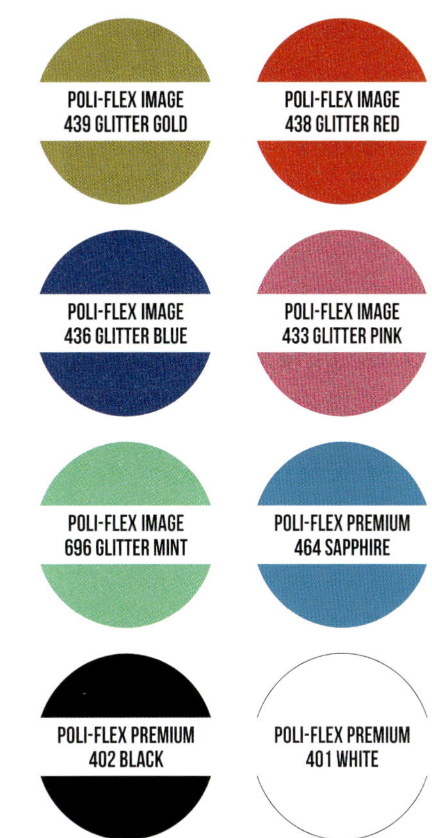
POLI-FLEX IMAGE
439 GLITTER GOLD
POLI-FLEX IMAGE
438 GLITTER RED
POLI-FLEX IMAGE
436 GLITTER BLUE
POLI-FLEX IMAGE
433 GLITTER PINK
POLI-FLEX IMAGE
696 GLITTER MINT
POLI-FLEX PREMIUM
464 SAPPHIRE
POLI-FLEX PREMIUM
402 BLACK
POLI-FLEX PREMIUM
401 WHITE

Projekt 13:
Namaste

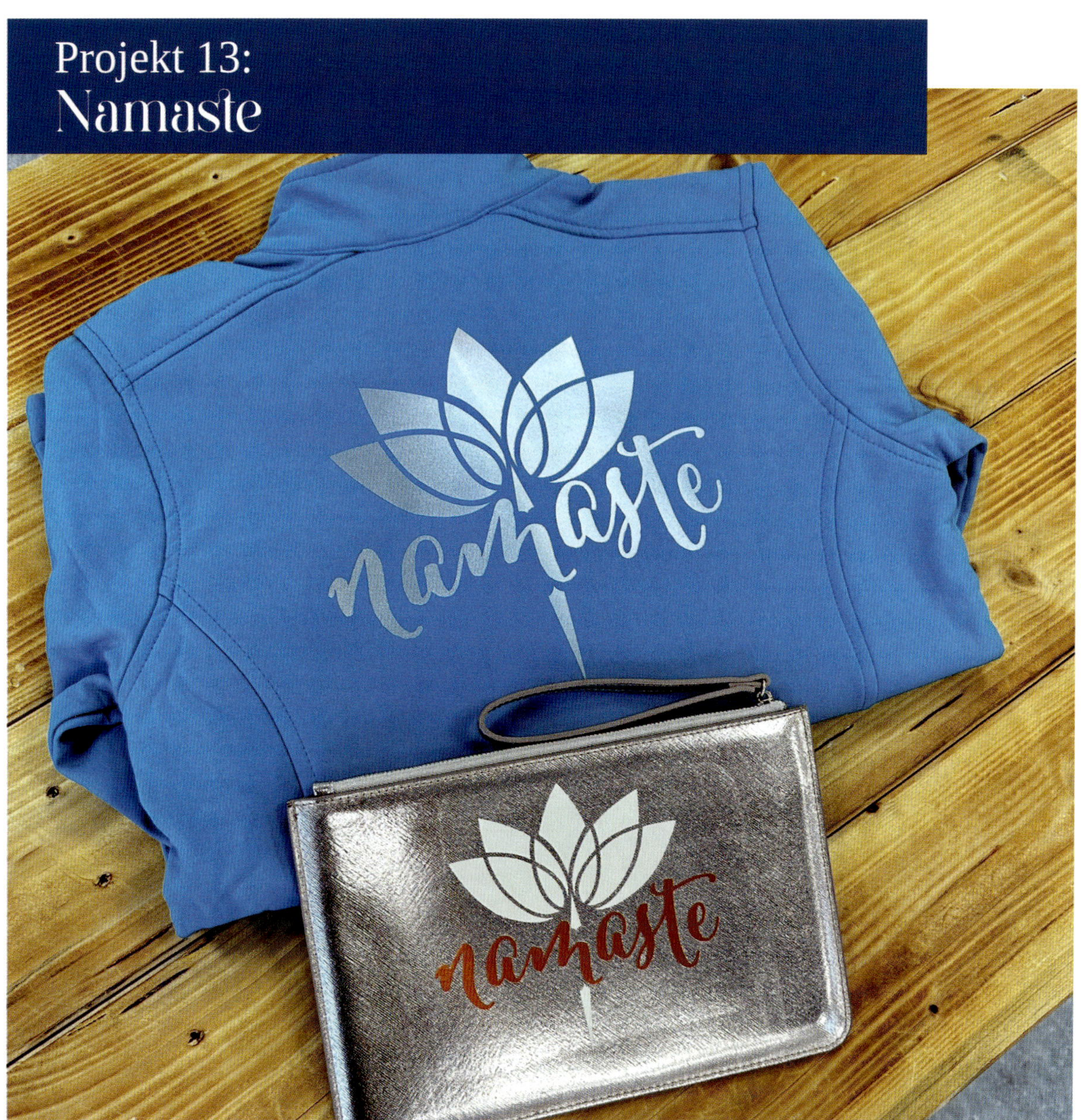

Um dieses Projekt zu plotten, verwende bitte folgende Datei:

»namaste Plott by GroWidesign«

Für dieses Motiv habe ich wieder eine besondere Folie für dich ausgewählt, die wir bisher noch nicht eingesetzt haben.

Gerade auf Softshelljacken lassen sich die POLI-FLEX-REFLEX-Folien sehr gut und auch sinnvoll verwenden. Die reflektierenden Folien eignen sich optimal, denn gerade in der dunklen Jahreszeit oder auch abends/nachts ist es vorteilhaft, durch die Licht reflektierenden Elemente gut sichtbar zu sein.

Dass Softshell häufig mittels Sublimationsverfahren gefärbt wird, hast du bereits erfahren. Durch den (heißen) Verpress-Vorgang kann es zu einer Reaktivierung / Bewegung der Farbpigmente und über die Zeit zu einer Verfärbung der eingesetzten Folien kommen (Farbmigration). Deshalb führe nach der Wahl deiner Folie und vor dem Verpressen einen Eignungstest durch.

Wie bereits beim Faultier-Pullover habe ich mich dafür entschieden, das Motiv sowohl auf der Rück- als auch der Vorderseite anzubringen.

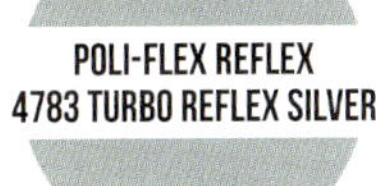

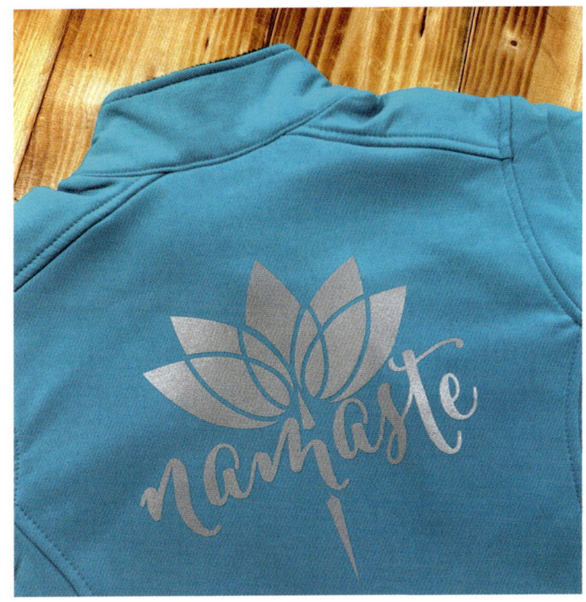

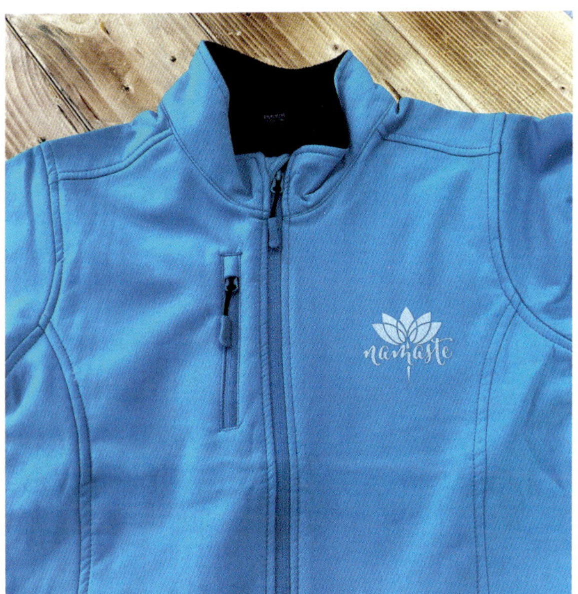

Variante: Clutch

Dieses Motiv hat mir so gut gefallen, dass ich auch hier eine edle Clutch damit bedruckt habe. Der Vorgang ist derselbe wie bei der Datei »hello-summer« in Projekt Nr. 7.

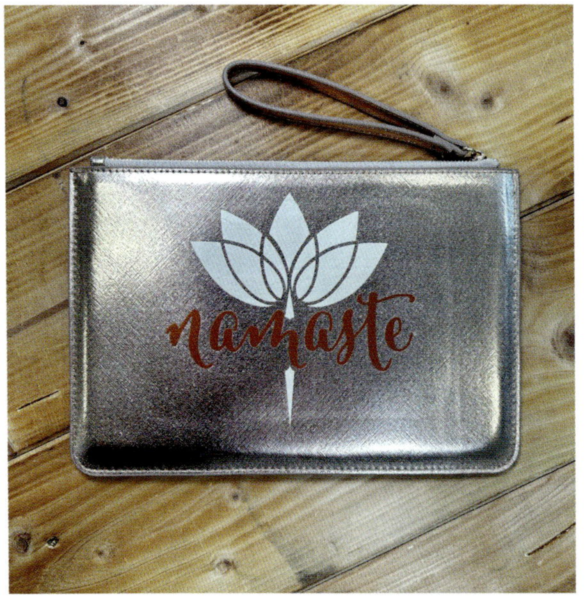

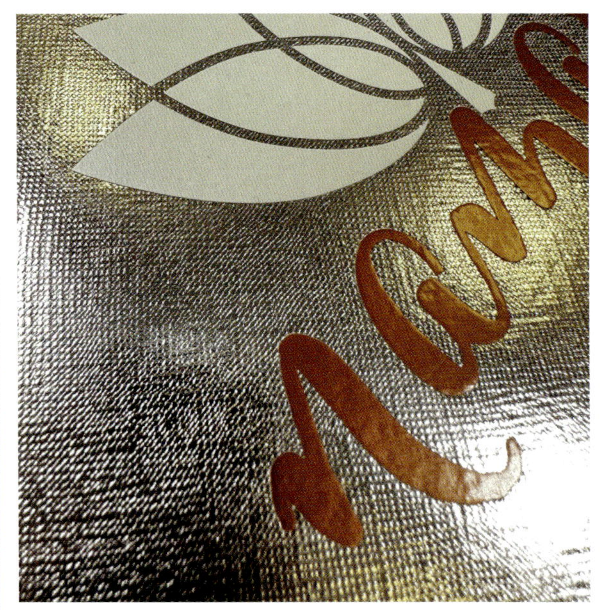

POLI-FLEX TURBO
4924 BRIGHT COPPER

POLI-FLEX TURBO
4957 CHAMPAGNE

Projekt 14:
Wetterfrosch

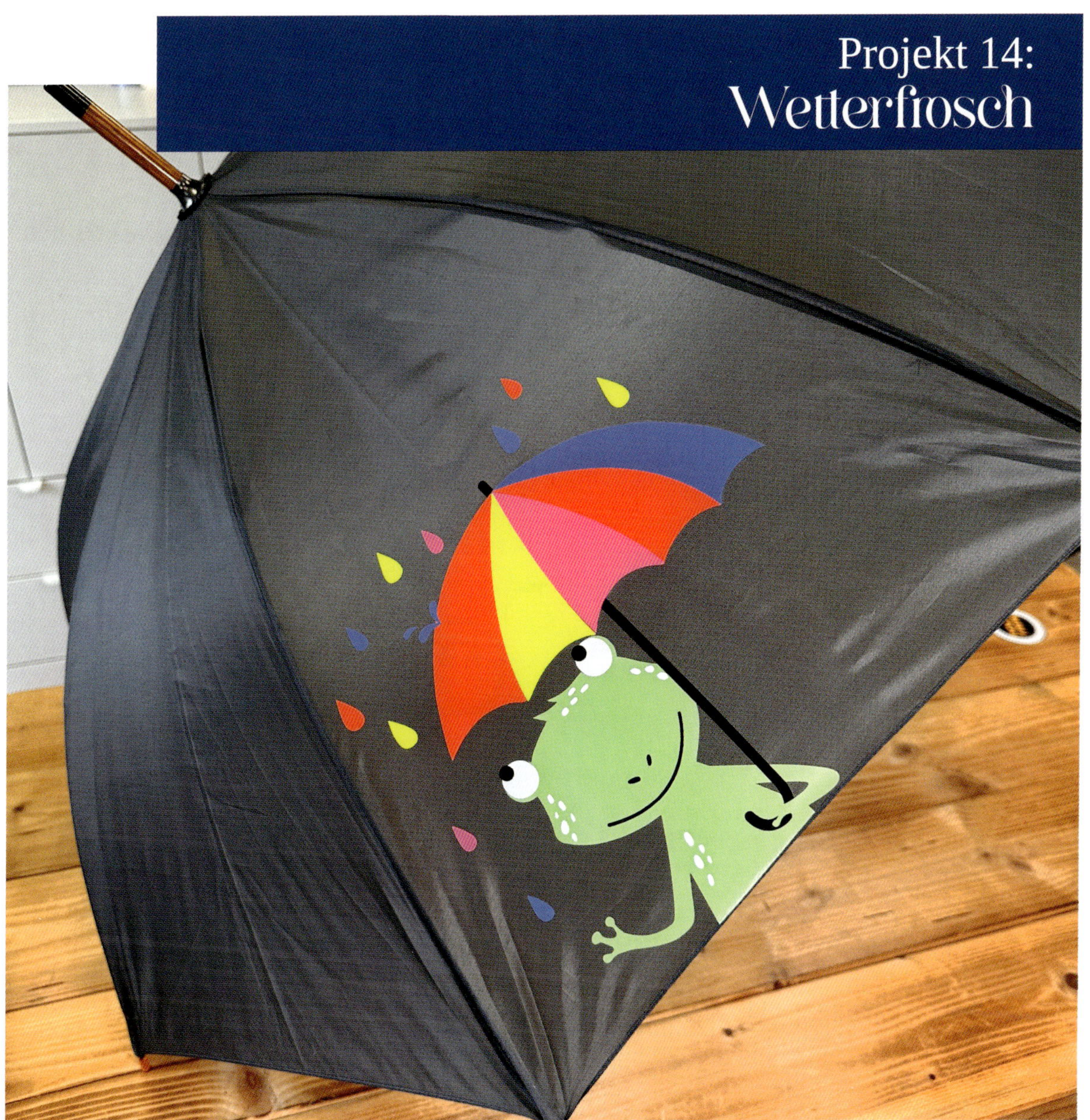

Um dieses Projekt zu plotten, verwende bitte folgende Datei:

»Wetterfrosch Plott by GroWidesign«

Da es die POLI-FLEX REFLEX nicht nur in Silber, sondern auch in anderen schönen Farben gibt, habe ich als Nächstes ein etwas ausgefalleneres Projekt für dich vorbereitet.

Gemeinsam veredeln wir nun einen Regenschirm. Ja, das geht – sehr gut sogar –, du musst nur ein paar Dinge dabei berücksichtigen.

Zunächst ist es wichtig zu wissen, ob der Regenschirm aus Polyester oder aus Nylon besteht. Bei Nylon brauchst du dir zumindest wegen einer möglichen Farbmigration keine Gedanken zu machen. Bei einem Polyesterschirm teste am besten, wie weiter vorne im Buch beschrieben, um sicherzustellen, dass sich deine Folien über die Zeit nicht unerwünscht verfärben.

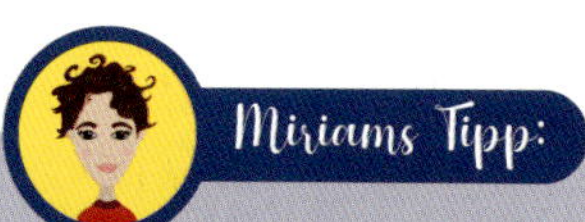

Nicht-imprägniertes Nylon lässt sich mit POLI-FLEX TURBO gut veredeln. Weist das Nylongewebe eine Imprägnierung auf, musst du vorab testen, ob sich die Folie dauerhaft anbringen lässt.

Auch wenn Regenschirme allein von ihrer Funktion her wasserabweisend sind, hat die Art und Stärke der Imprägnierung bei den Regenschirmen, mit denen ich bisher gearbeitet habe, kein Problem dargestellt. Dies sieht bei Regenmänteln, Regenjacken o. Ä. mitunter anders aus und du solltest vorab immer testen, ob sich die Folien anbringen lassen.

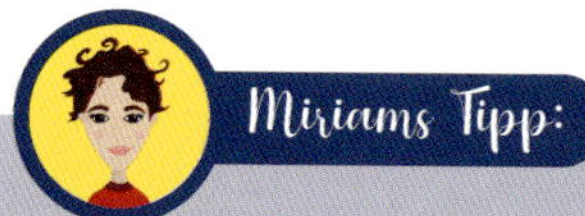

POLI-TAPE hat auch für imprägniertes Nylon eine spezielle Folie, POLI-FLEX NYLON.

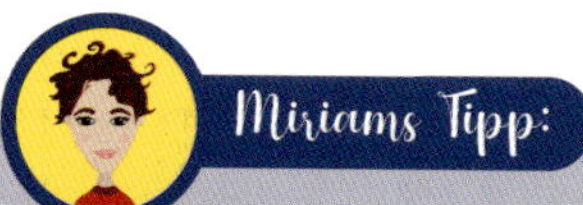

Bei einem Regenschirm ist es wichtig, vorab abzumessen, wie groß das Motiv am Ende sein soll. Aufgrund des Drahtgestells und der Nähte lohnt es sich, hier genau zu arbeiten und alles exakt vorzubereiten. Wie bei meinen anderen mehrfarbigen Projekten habe ich auch hier alle Folienlagen vor dem Aufpressen übereinandergelegt und zur Ansicht auf dem Schirm platziert.

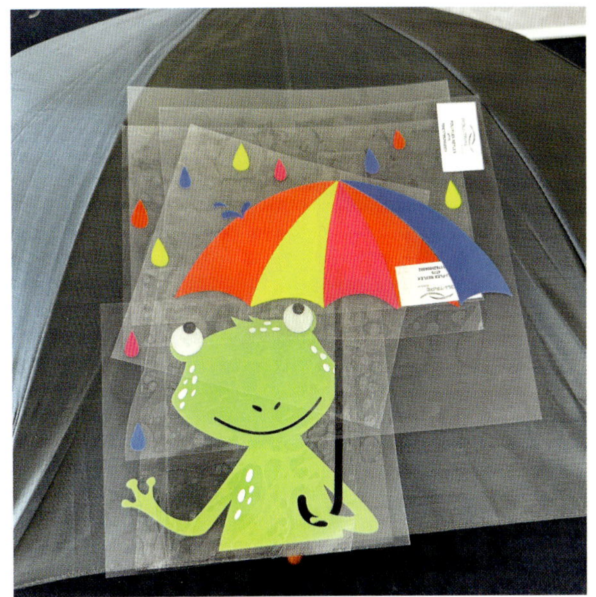

Für die Anbringung von Folien auf einen Regenschirm empfehle ich dir, eine kleine Handpresse zu verwenden. Mit dieser kannst du genau und exakt arbeiten. Um dabei zu verhindern, dass die Folie verrutscht, befestige ich sie an den Seiten mit hitzebeständigem Tesafilm.

Um mir beim Aufpressen nicht die Finger zu verbrennen und um ausreichend Gegendruck aufzubringen, habe ich ein Holzbrett genommen und auf dieses noch ein Ausgleichskissen gelegt.

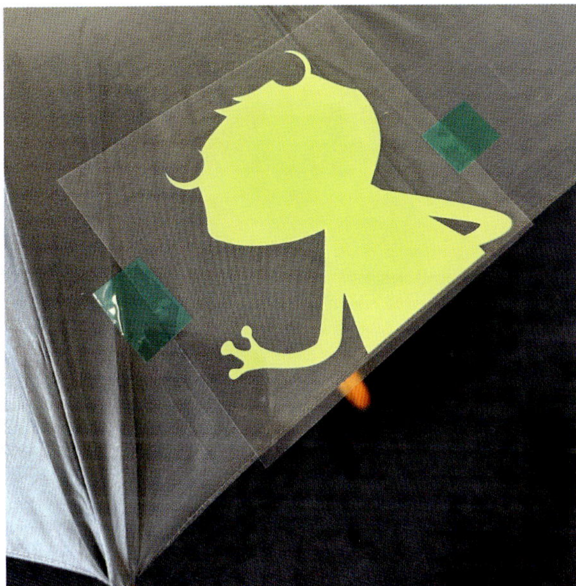

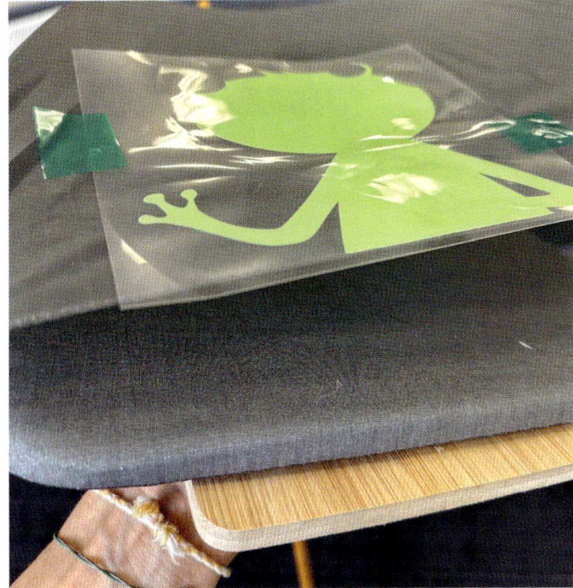

Jetzt arbeite ich mich Folie für Folie durch, bis mein Wetterfrosch den Regenschirm ziert.

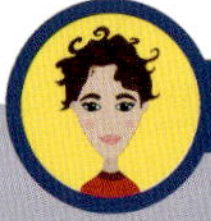

Miriams Tipp:

Beachte beim Aufpressen der POLI-FLEX REFLEX, dass sie etwas mehr Hitze als die POLI-FLEX TURBO benötigt und bei 145 Grad für 8 Sekunden verpresst werden muss.

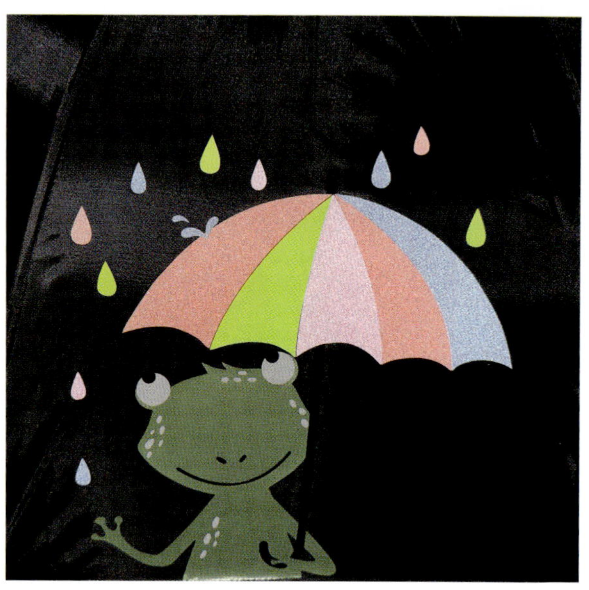

Fertig ist unser kleines Kerlchen. Wenn du diesen nun anleuchtest, kommt seine ganze reflektierende Strahlkraft zur Geltung.

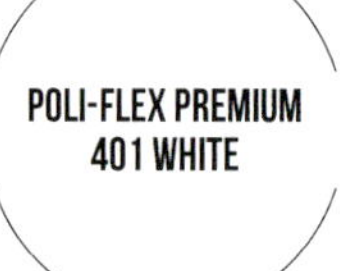

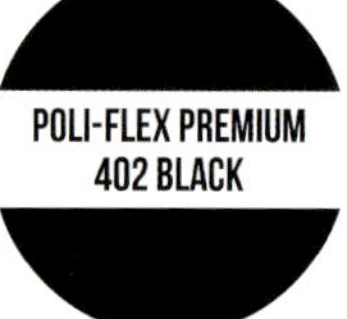

POLI-FLEX TURBO
4933 BRIGHT LIME

POLI-FLEX REFLEX
4778 REFLEX ORANGE

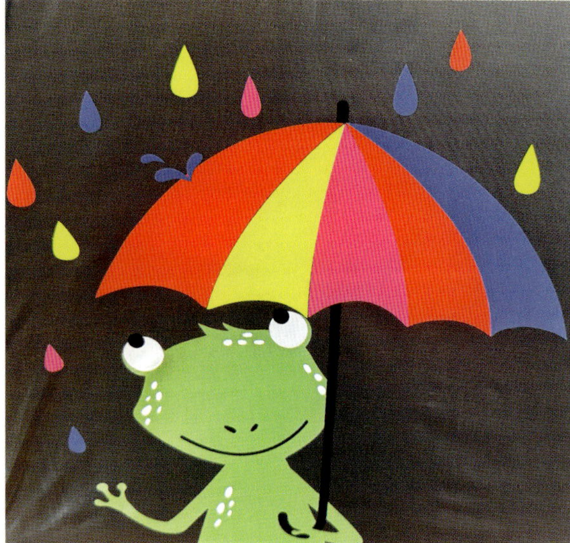

POLI-FLEX REFLEX
4779 REFLEX YELLOW

POLI-FLEX REFLEX
4776 REFLEX PINK

POLI-FLEX REFLEX
4775 REFLEX BLUE

Projekt 15: Fisch-Schnitzel

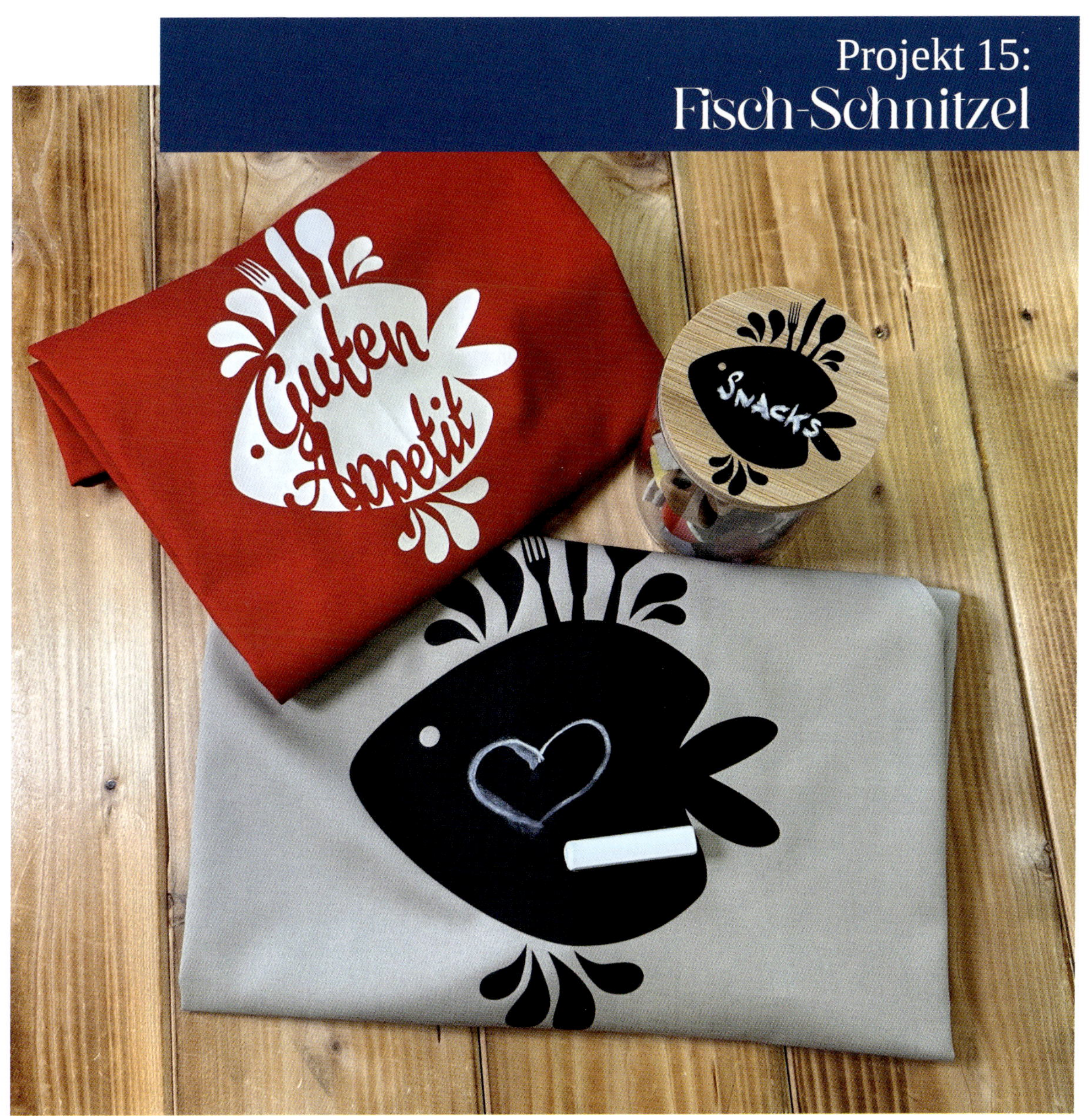

Um dieses Projekt zu plotten, verwende bitte folgende Datei:

»FischSchnitzel Plott by GroWidesign«

POLI-TAPE hat neben all den Folien, die du nun bereits kennengelernt hast, noch weitere mit ganz besonderem Effekt im Programm. Wie du auf dem Bild bereits erkennen kannst, handelt es sich um eine mit Kreide beschreibbare Folie, die POLI-FLEX CHALKBOARD.

Ich habe sie hier auf einer Kochschürze angebracht. Ich fand das ganz passend, denn so kann man das Wichtigste notieren und hat immer einen Spickzettel zur Hand.

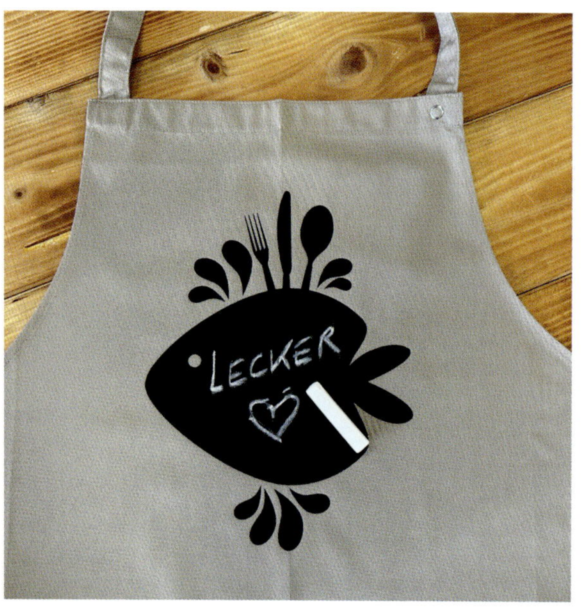

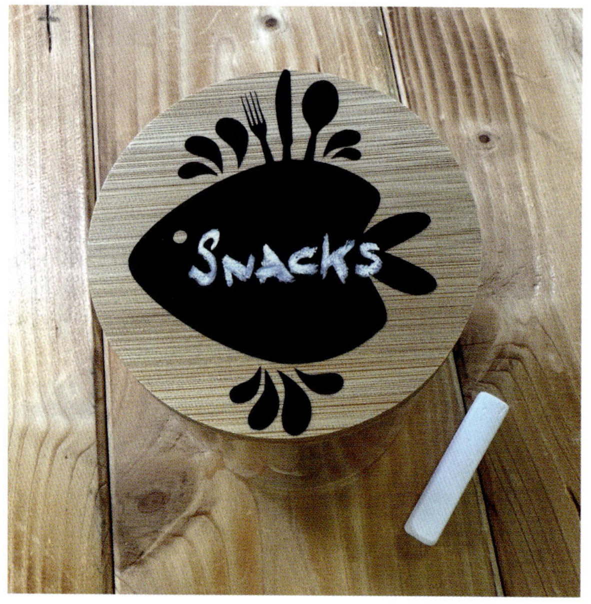

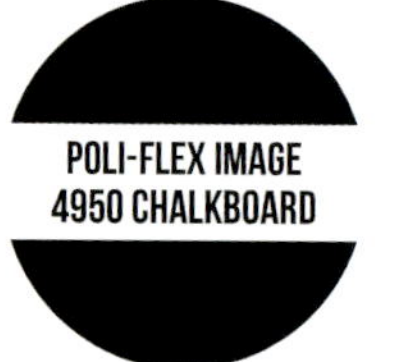

POLI-FLEX TURBO
4957 CHAMPAGNE

Auch für Holz, Papier oder Karton kannst du die POLI-FLEX CHALKBOARD nutzen und auf diese Weise deine Vorratsbehälter oder kleinen Snackdöschen mit Holzdeckel kreativ gestalten.

Nachdem die Datei mehrere Optionen für dich bereithält, habe ich noch ein weiteres Motiv daraus verwendet, um eine Kinderschürze zu verzieren. So macht das gemeinsame Kochen gleich noch mal so viel Spaß.

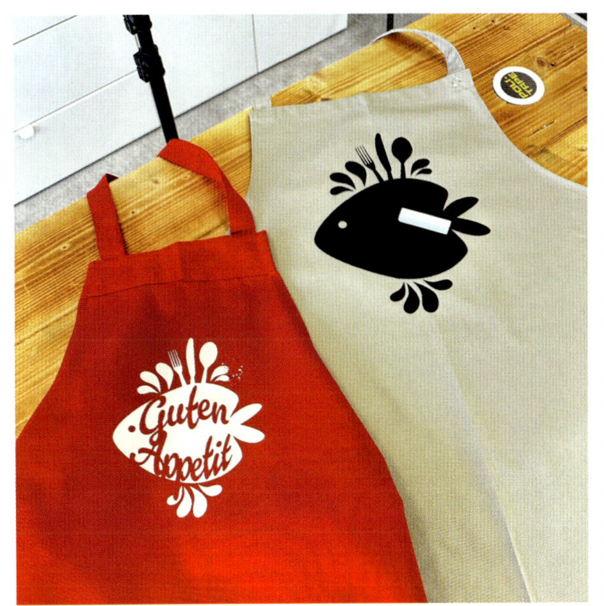
Guten
Appetit

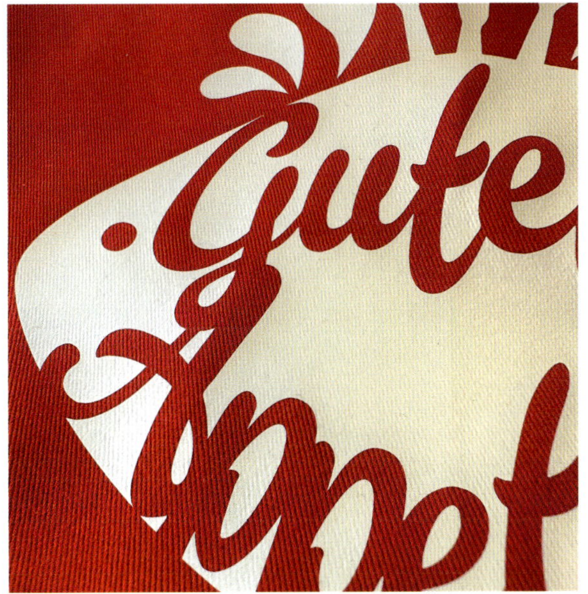

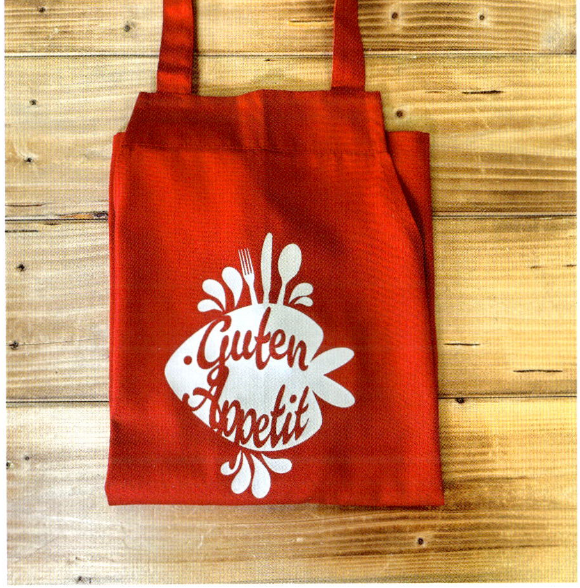
Guten
Appetit

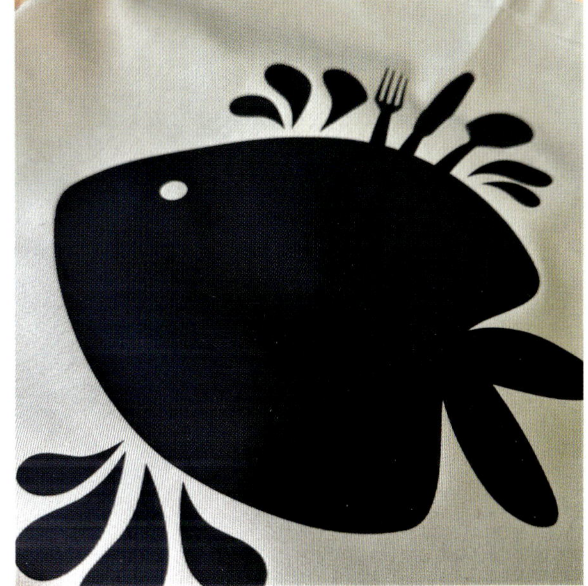

Projekt 16: Dino-Schrift

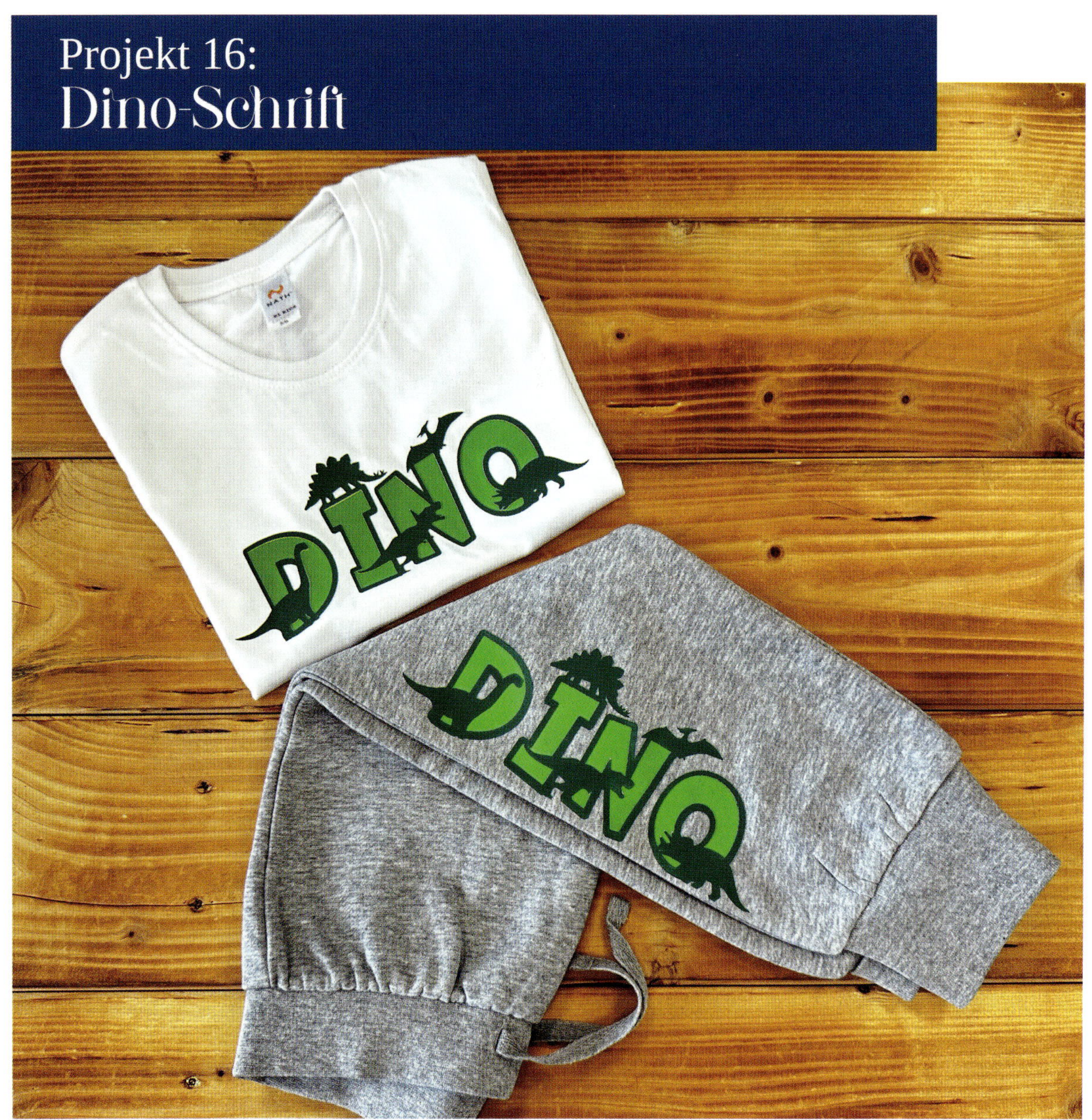

Um dieses Projekt zu plotten, verwende bitte folgende Datei:

»DinoSchrift Plott by GroWidesign«

Eine weitere außergewöhnliche Folie, die ich dir präsentieren möchte, ist die POLI-FLEX DIMENSION. Mit dieser Folie lassen sich einzigartige Designs in 3D-Optik gestalten. Genau richtig für die Dino-Schrift, wie ich finde.

Damit der 3D-Effekt richtig zur Geltung kommt, habe ich die POLI-FLEX DIMENSION mit einer dünnen Flexfolie kombiniert. Das Ergebnis kann sich wirklich sehen lassen, oder? In den Detailaufnahmen kannst du erkennen, wie sich die Folie abhebt und wie besonders das Design in seiner Wirkung wird.

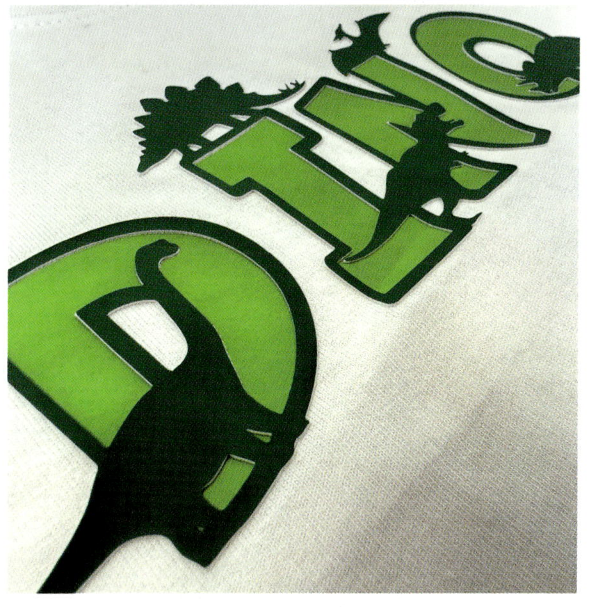

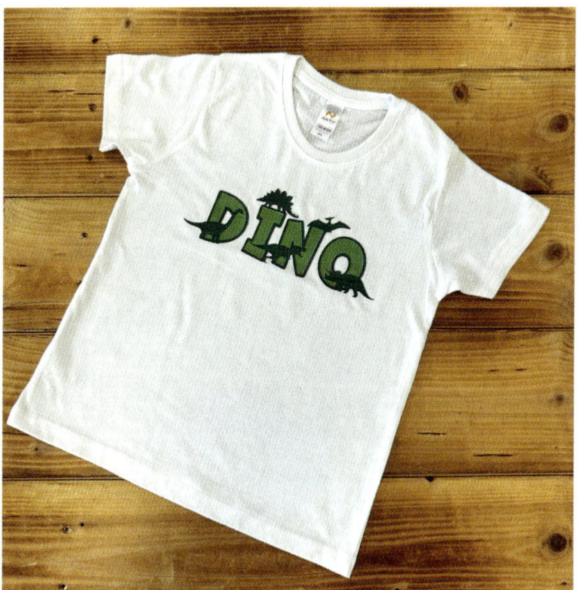

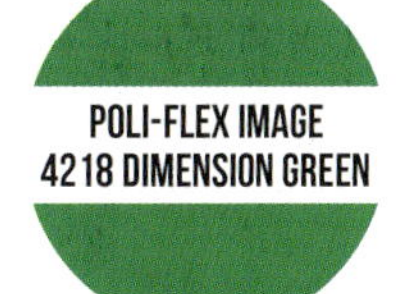

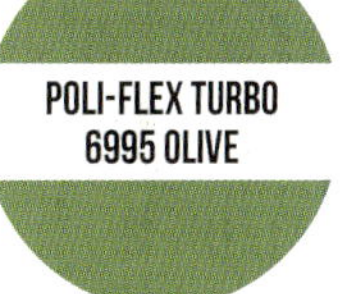

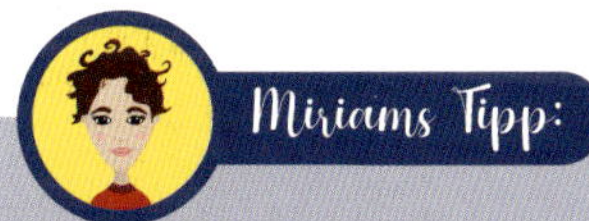

Achte bei der Verarbeitung der POLI-FLEX DIMENSION darauf, nicht zu stark zu pressen. Sonst drückst du die Folie platt und der 3D-Effekt kommt nicht mehr zur Geltung.

Projekt 17:
Fledermaus

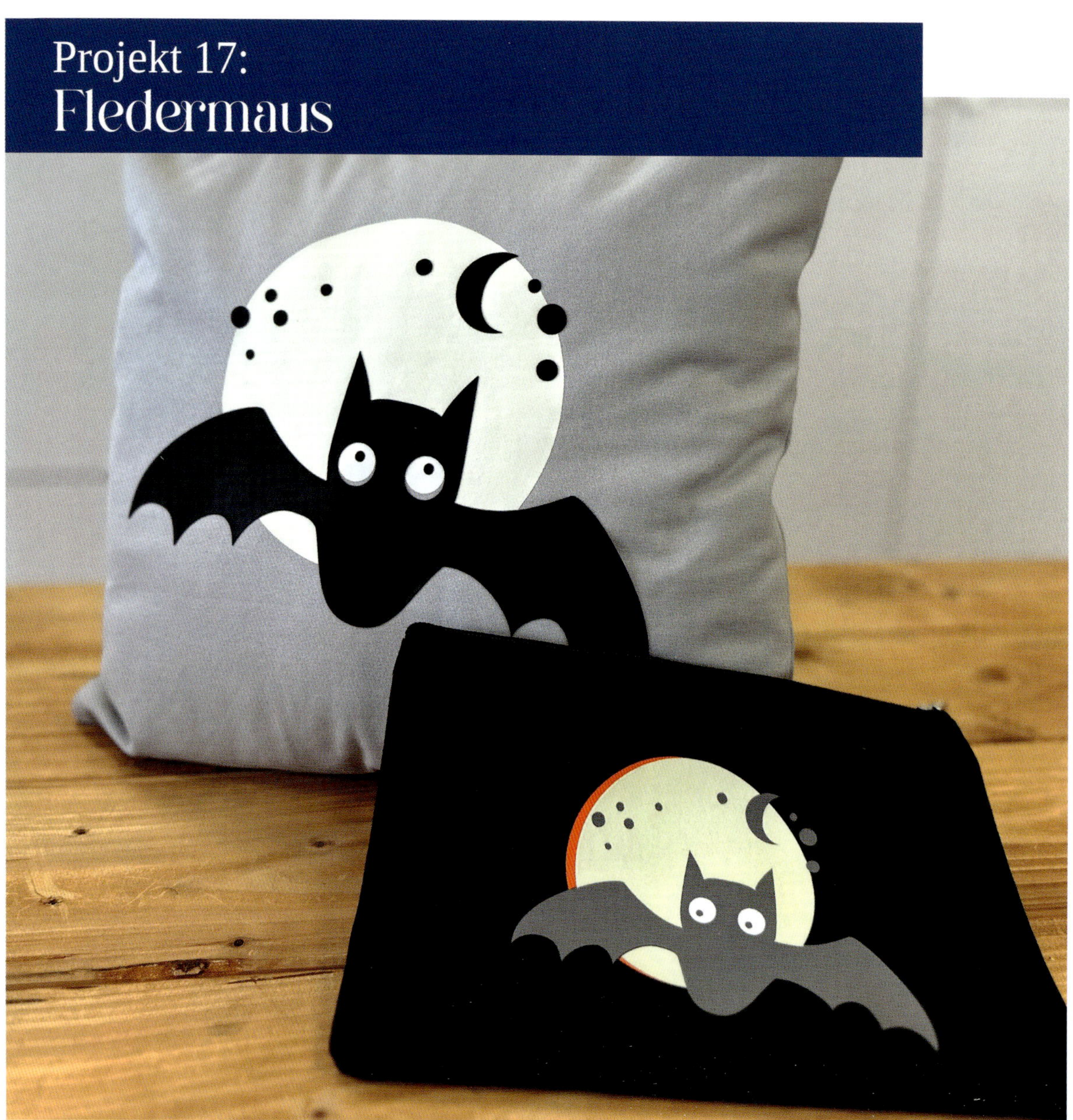

Um dieses Projekt zu plotten, verwende bitte folgende Datei:

»Fledermaus Plott by GroWidesign«

Bei dieser reizenden Fledermaus-Datei konnte ich nicht anders und habe gleich zwei Spezialeffektfolien kombiniert. Die POLI-FLEX DIMENSION hast du ja bereits im vorherigen Projekt kennengelernt. Für die Umsetzung der Kissenhülle ist sie auch hier wieder zum Einsatz gekommen. Zusätzlich habe ich noch die nachleuchtende POLI-FLEX LUMINOUS verwendet. Denn ein Mond muss doch im Dunkeln leuchten!

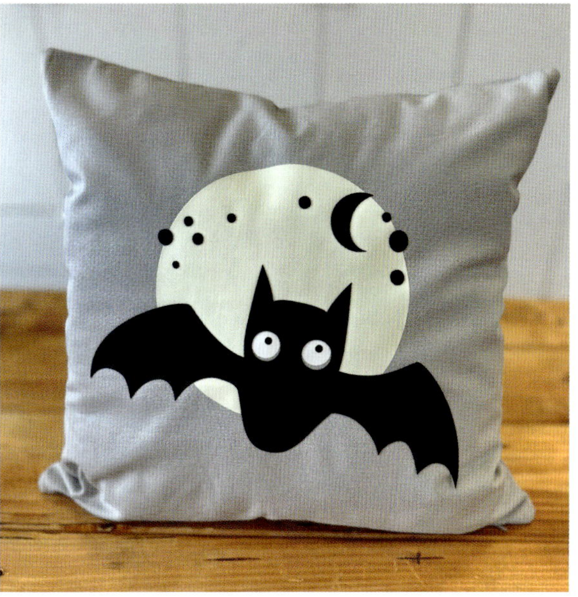

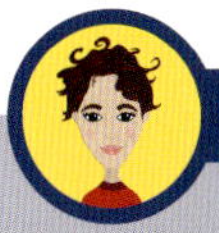

Miriams Tipp:

Achte beim Verwenden der POLI-FLEX LUMINOUS darauf, dass diese nicht geschichtet werden kann. Du kannst sie zwar zuoberst auf andere Folien aufpressen, aber auf dieser Folie selbst lassen sich keine weiteren Folien dauerhaft verankern.

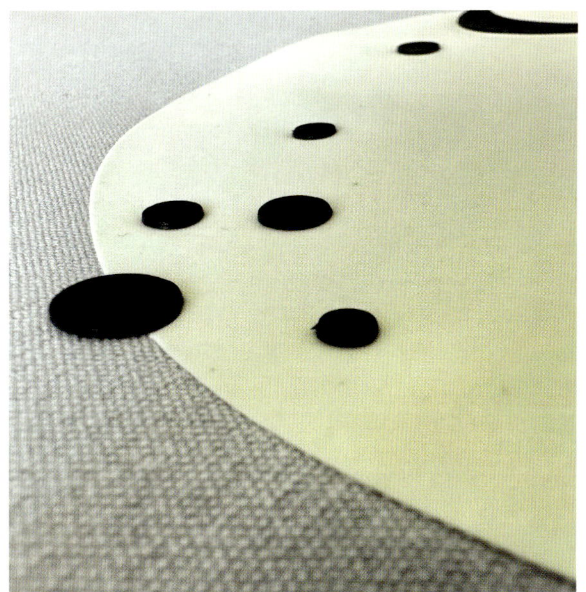

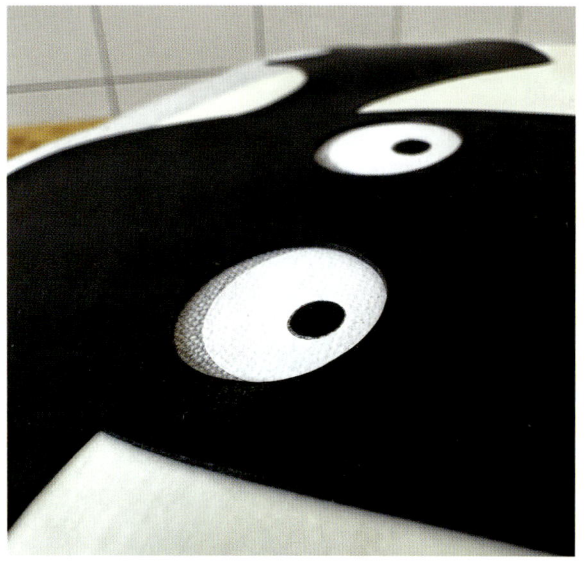

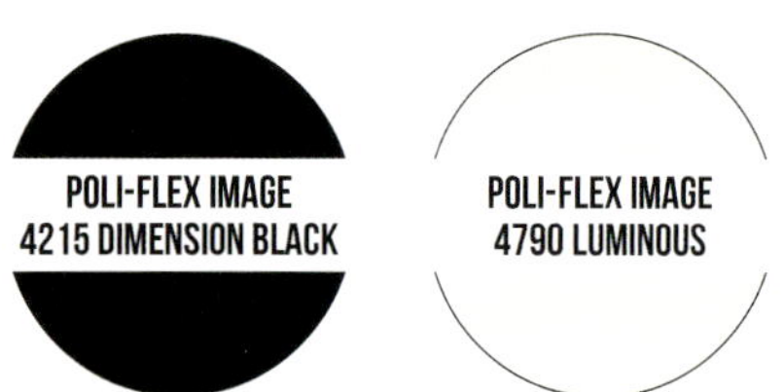

Ich habe mir die leichte Schrumpfung der Folien zunutze gemacht und bei den Augen der Fledermaus auf diese Weise ganz bewusst dezente Augenringe erzeugt. Ich finde es total passend und warum nicht auch Blitzer positiv nutzen?

Variante: Tasche

Da ich das Fledermaus-Motiv mit Halloween assoziiere und Halloween wiederum mit der Farbe Orange, musste ich das Design einfach noch ein zweites Mal umsetzen.

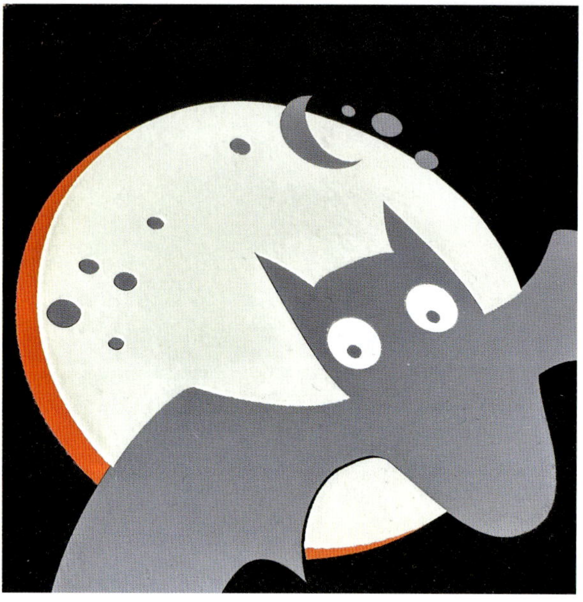

Der Glow-in-the-dark-Effekt tritt bei Dunkelheit ein. Wenn du die POLI-FLEX LUMINOUS rund 60 Sekunden bei direktem Sonnenlicht aufládst, hält das Leuchten bis zu 20 Stunden an.

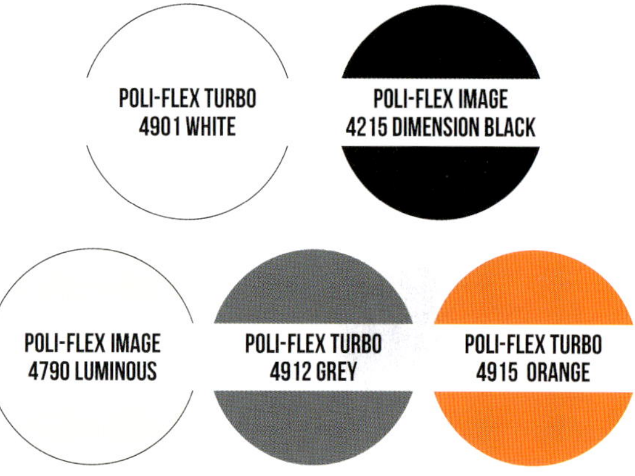

Projekt 18: Sunny Days

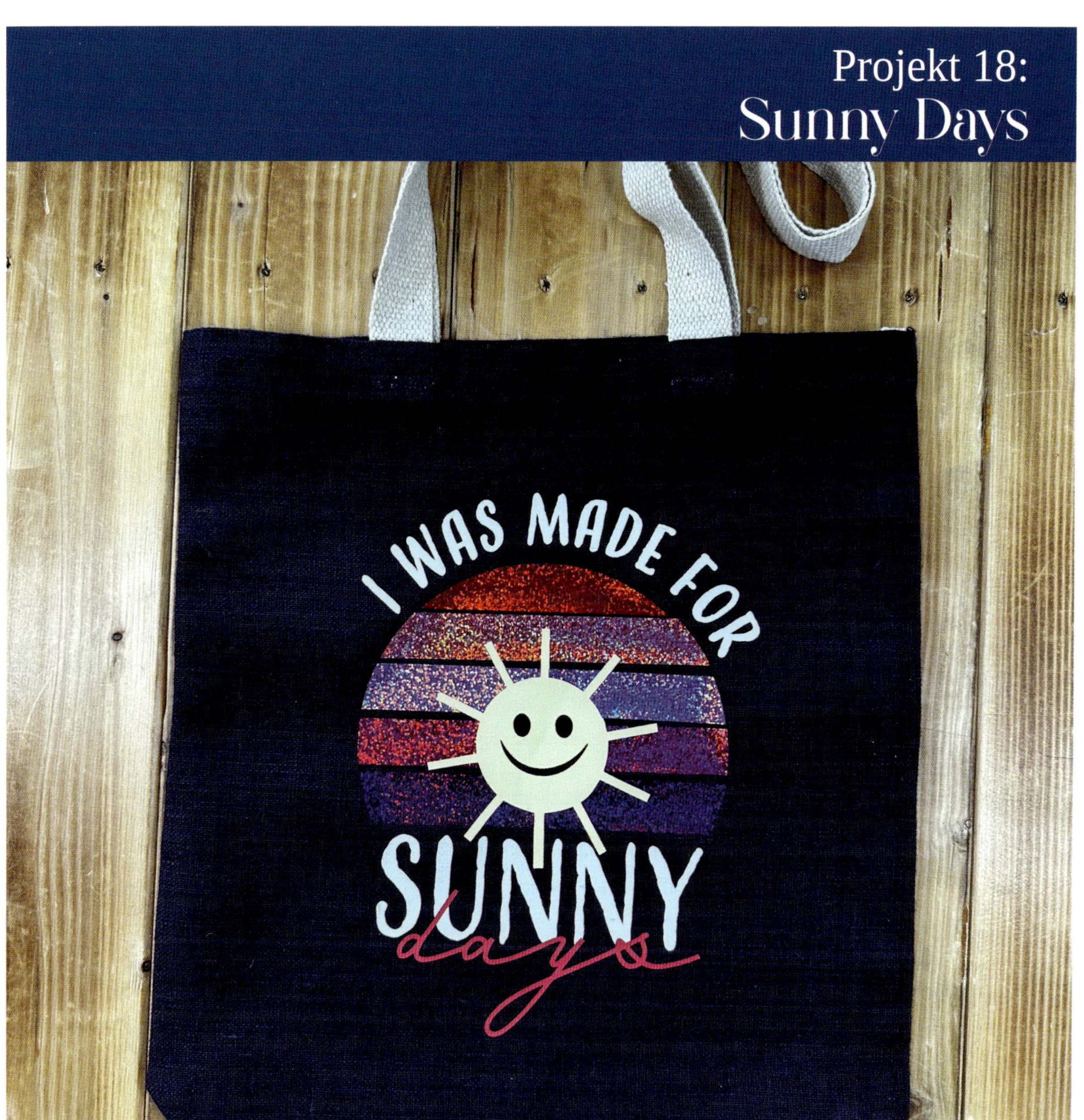

Um dieses Projekt zu plotten, verwende bitte folgende Datei:

»sunnydays Plott by GroWidesign«

Nun kommen wir zu unserem letzten Projekt, für das ich eine bisher noch nicht eingesetzte Folie übrig gelassen habe. Es handelt sich um die POLI-FLEX STARFLEX.

Wie in der Folienkunde erklärt, ist diese Folie in ihrer Beschaffenheit starrer bzw. steifer. Für T-Shirts empfehle ich daher, mit diesen Folien nicht zu großflächig zu arbeiten, um den Tragekomfort nicht zu beeinflussen. Auf Taschen und anderen Gegenständen stören größere Designelemente aber nicht.

Da die POLI-FLEX-STARFLEX-Folien nicht geschichtet werden können, musst du für diese Umsetzung einlagig arbeiten. Wenn du dich aufmerksam durch dieses Buch durchgearbeitet hast, ist das für dich inzwischen sicherlich schon ein Kinderspiel. Dennoch möchte ich dir noch eine kleine Hilfestellung geben. Nachdem ich das Design zunächst wie immer mit allen Folien zusammengelegt habe, beginne ich mit der ersten Folie – in diesem Fall der Sonne – zu pressen.

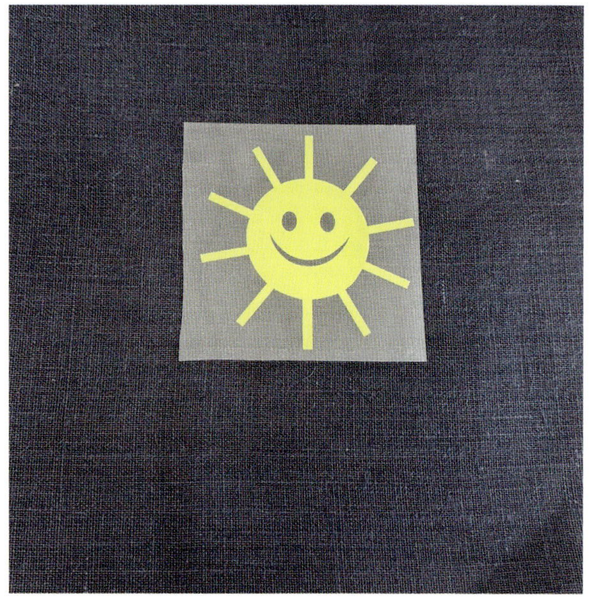

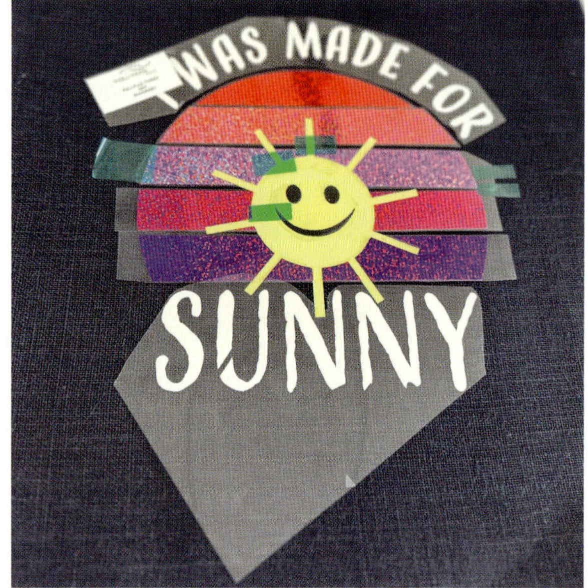

Als Nächstes kann ich bis auf eine Folie alle gleichzeitig positionieren. Das mache ich, um die Anzahl der Pressvorgänge zu minimieren und die schon mehrmals erwähnte Schrumpfung der Folien so gering wie möglich zu halten. Um ein Verrutschen der einzelnen Folien zu vermeiden, kannst du die einzelnen Teile mit hitzebeständigem Tesafilm fixieren.

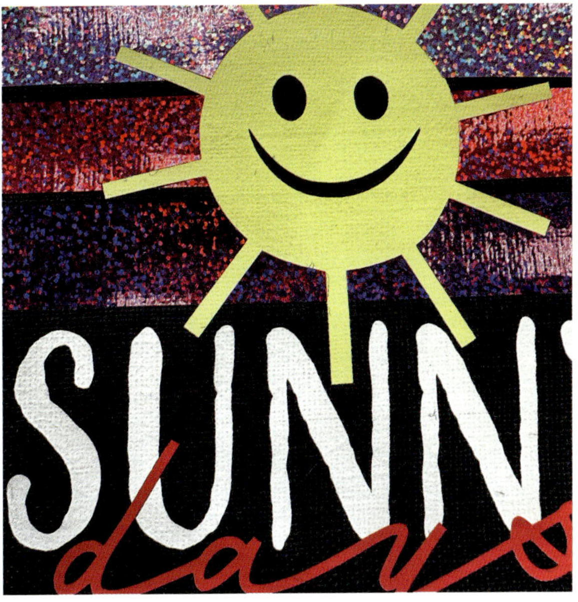

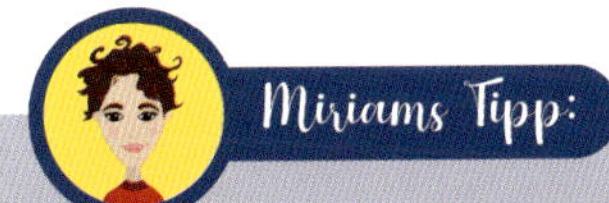

Beachte, dass du den Träger der POLI-FLEX STARFLEX kalt abziehen musst.

Beim letzten Pressvorgang habe ich noch das »days« angebracht und das gesamte Motiv bei 160 Grad und 15 Sekunden verpresst.

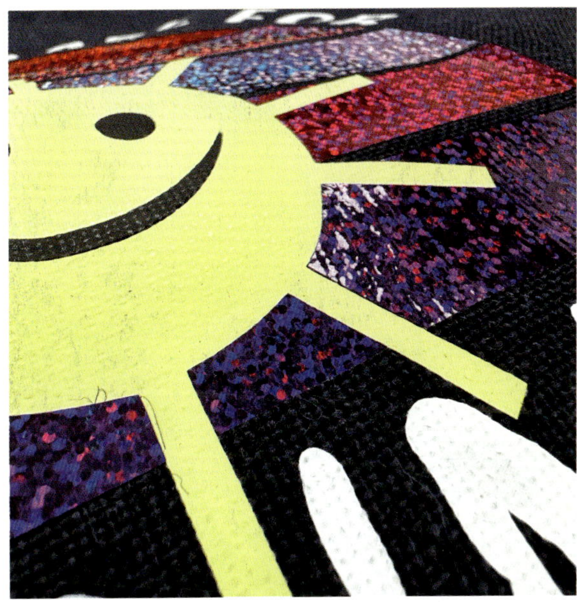

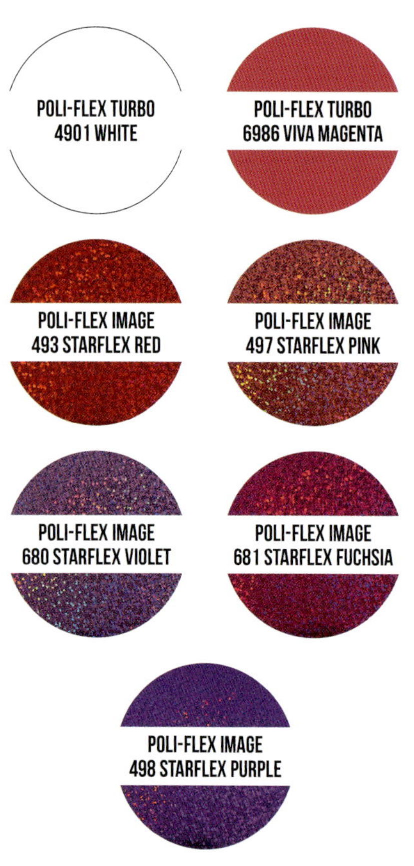

Mit diesem Projekt sind wir nun am Ende unserer gemeinsamen Reise angekommen. Ich hoffe, dir hat es genauso viel Freude bereitet wie mir und ich wünsche dir ganz viel Spaß und Erfolg bei all deinen kreativen Projekten!

Verarbeitungsinformationen

Eine .zip-Datei entpacken und hochladen

Bevor du eine Datei in deinem Programm öffnen bzw. hochladen kannst, musst du diese entpacken. Je nachdem, mit welchem Betriebssystem du arbeitest, gehst du dabei folgendermaßen vor.

Windows

Unter Windows findest du die heruntergeladene .zip-Datei im Download-Ordner. Mit einem Doppelklick öffnest du sie und entpackst / ziehst die Dateien dann an den gewünschten Ort.

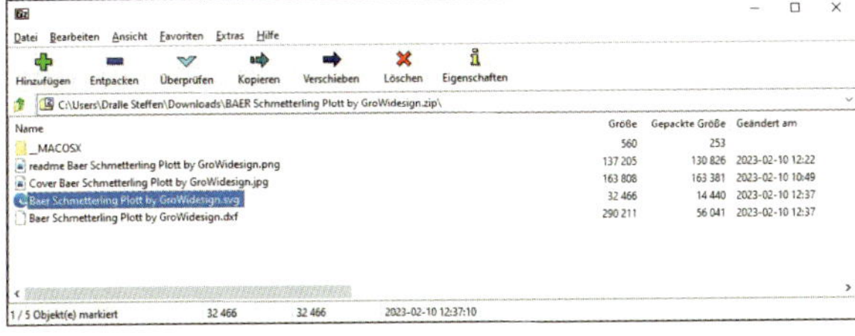

Mac

Nachdem du das entsprechende Design heruntergeladen hast, gehe zu deinem Download-Ordner. Dort klickst du doppelt auf die heruntergeladene .zip-Datei. Im entpackten Ordner findest du die unterschiedlichen Dateiformate. Wähle das für dich geeignete aus und öffne es in deinem Programm.

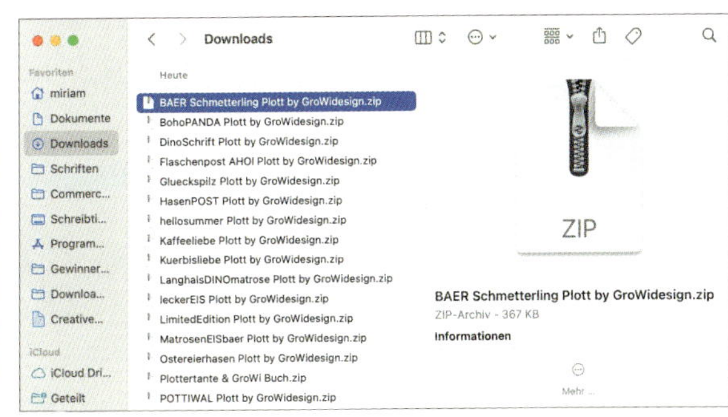

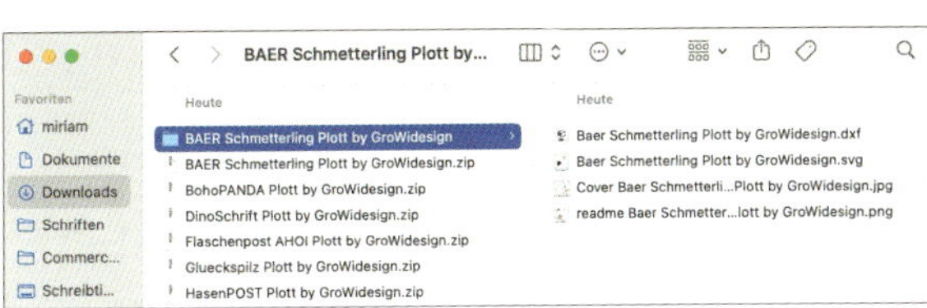

Brother-Schneideplotter – CanvasWorkspace

Sobald du deine gewünschte Datei heruntergeladen und entpackt hast, wechsle in die Canvas-Workspace-App und öffne die .svg-Datei.

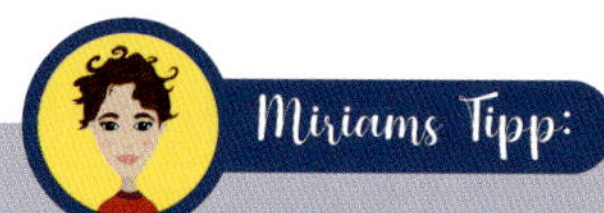

CanvasWorkspace kannst du im Browser oder als heruntergeladene App am Computer nutzen. Ich empfehle dir, mit der App zu arbeiten, da dort mehr Funktionen zur Bearbeitung zur Verfügung stehen. Hier der Link zum Download: ***https://canvasworkspace.brother.com/de.***

1. Klicke links in der Leiste auf das Icon .

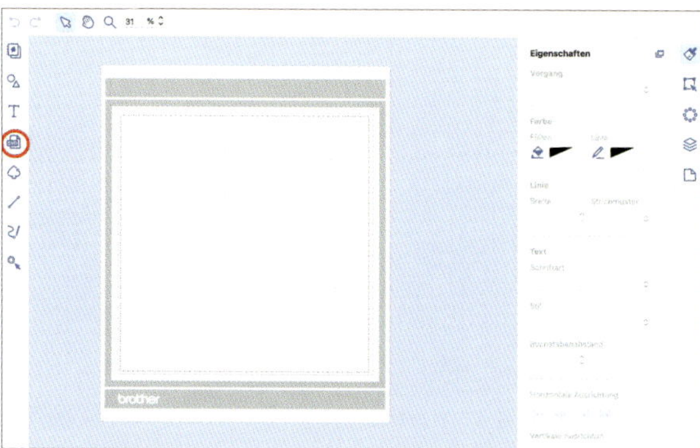

2. Navigiere zu dem Ordner, in dem du das Design gespeichert hast, markiere die .svg-Datei und klicke auf »Öffnen«.

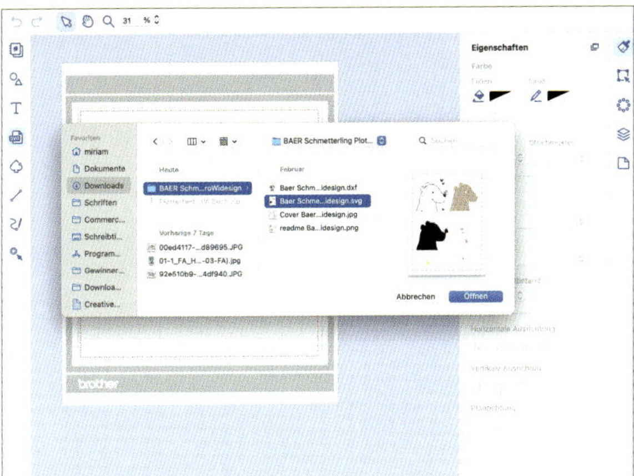

3. Das Design liegt nun auf der virtuellen Schneidematte und du kannst zu arbeiten beginnen.

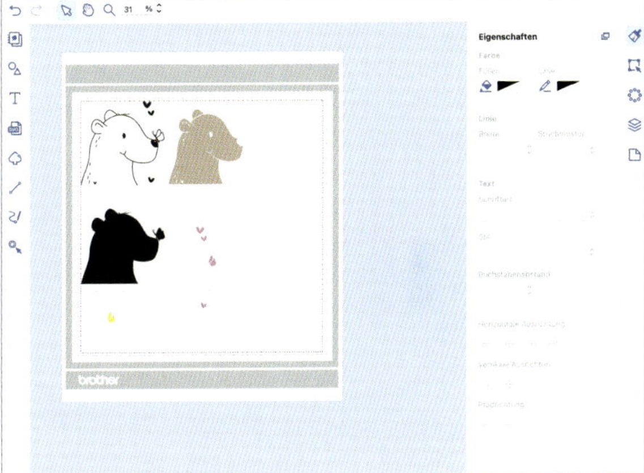

Cricut-Schneideplotter – Cricut Design Space

Sobald du deine gewünschte Datei heruntergeladen und entpackt hast, gehe in das Cricut Design Space und öffne die .svg-Datei.

1. Öffne dein Cricut Design Space und klicke oben links auf das Burgermenü.

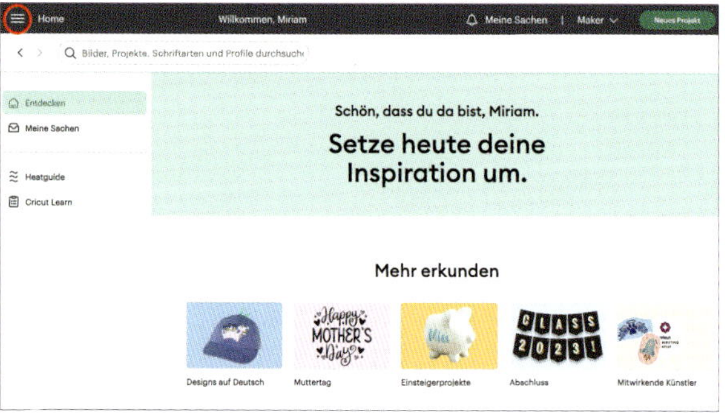

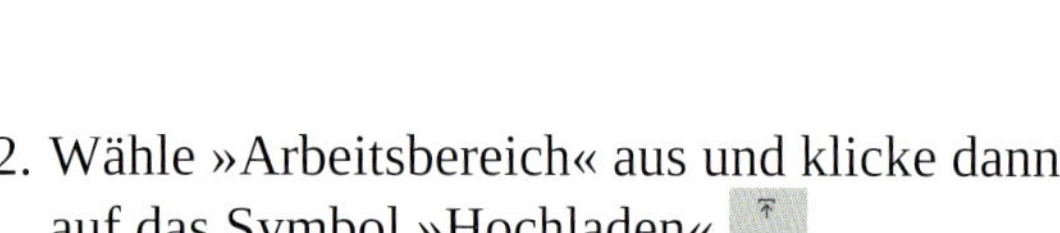

2. Wähle »Arbeitsbereich« aus und klicke dann auf das Symbol »Hochladen«.

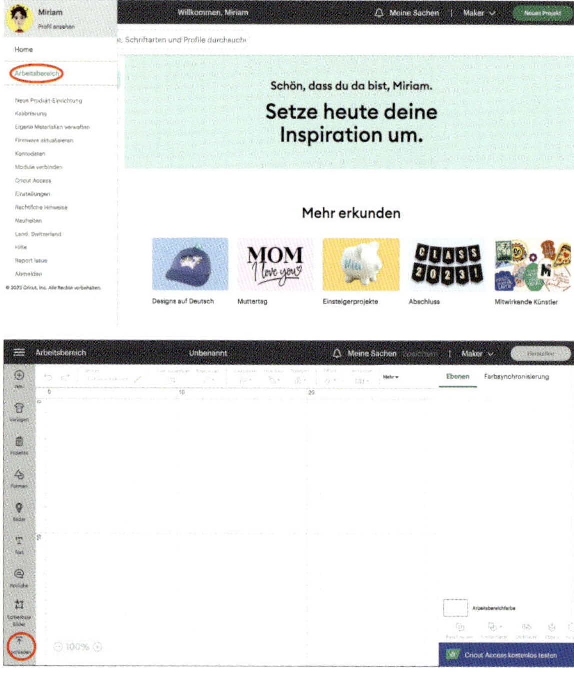

3. Klicke auf »Bild hochladen«.

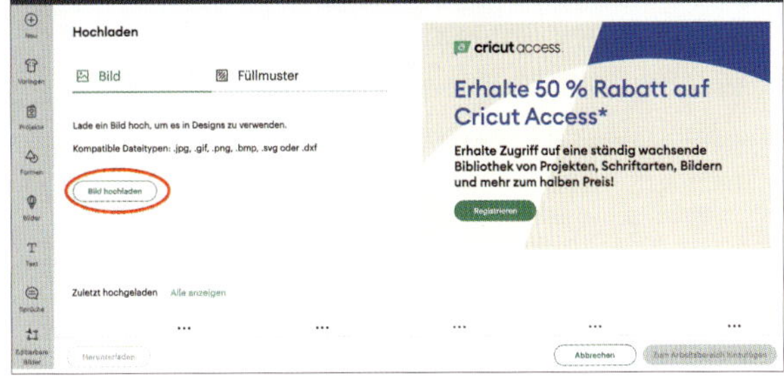

4. Hier kannst du die Datei entweder hineinziehen oder du klickst auf »Durchsuchen«, navigierst zu dem Ordner, in dem du die Datei gespeichert hast, wählst die .svg-Datei aus und klickst auf »Öffnen«.

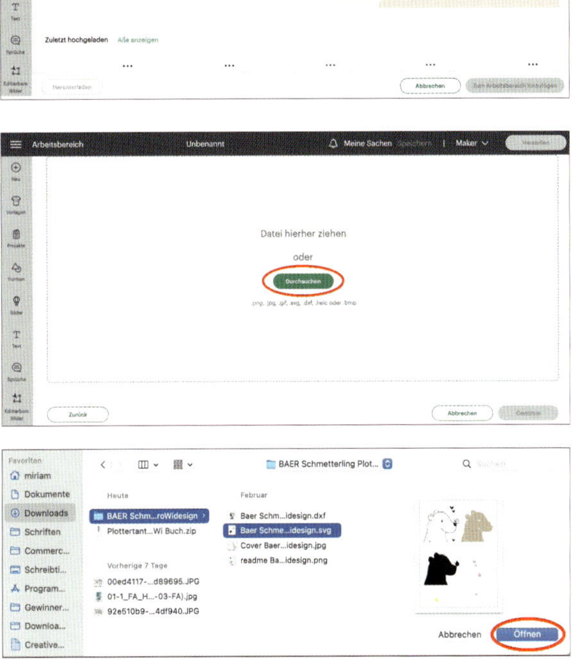

5. Das Design ist nun in deiner Bibliothek zu sehen. Klicke zuerst auf das Motiv (es erhält einen grünen Rahmen) und dann auf »Zum Arbeitsbereich hinzufügen«. Das Design liegt nun in deinem Arbeitsbereich.

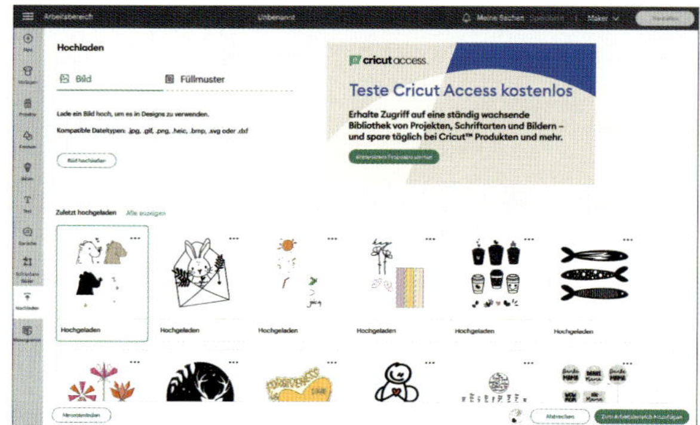

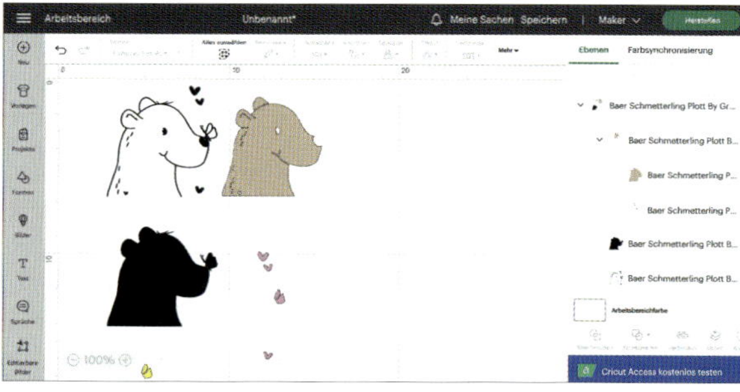

Silhouette-Schneideplotter – Silhouette Studio

Sobald du deine gewünschte Datei heruntergeladen und entpackt hast, öffne Silhouette Studio und lade die .dxf-Datei (wenn du mit der Basis-Version arbeitest) oder die .svg-Datei (wenn du mit der Designer-Version oder höher arbeitest).

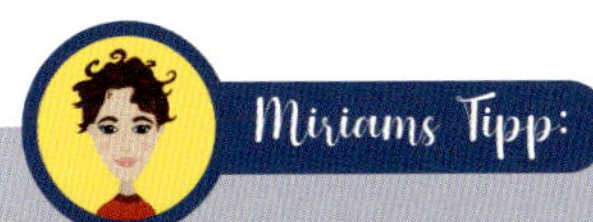

Ich empfehle dir, auf die Designer-Version upzugraden, da du mit dieser Version .svg-Dateien öffnen kannst. Mit diesem Dateiformat kannst du wesentlich einfacher und übersichtlicher arbeiten als mit dem .dxf-Format.

Öffnen der .dxf-Datei in der Silhouette Studio Standard Version

1. Öffne Silhouette Studio und klicke in der oberen Leiste auf das zweite Symbol von links .
2. Navigiere beim sich öffnenden Fenster dorthin, wo du deine Datei abgelegt hast. Wähle die Datei mit der Endung .dxf aus und klicke auf »OK«.

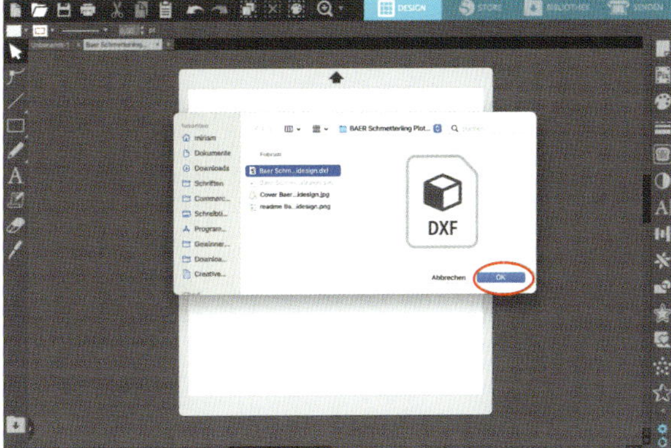

3. Das Design liegt nun auf deiner virtuellen Schneidematte. Wie du siehst, hast du beim .dxf-Format keine vordefinierten Gruppierungen, verknüpften Pfade oder Farbinformationen. Hier musst du – je nachdem wie das Design vorbereitet wurde – eventuell etwas nacharbeiten, bevor du mit dem Schneiden beginnen kannst, da jedes Element »lose« auf deiner Matte liegt.

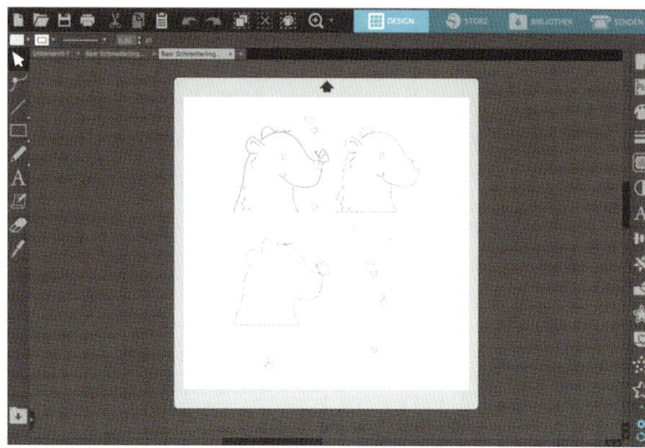

Öffnen der .svg-Datei in der Silhouette Studio Designer Edition oder höher

1. Öffne das Silhouette Studio und klicke in der oberen Leiste auf das zweite Symbol von links .

2. Navigiere beim sich öffnenden Fenster dorthin, wo du deine Datei abgelegt hast. Wähle die Datei mit der Endung .svg aus und klicke auf »OK«.

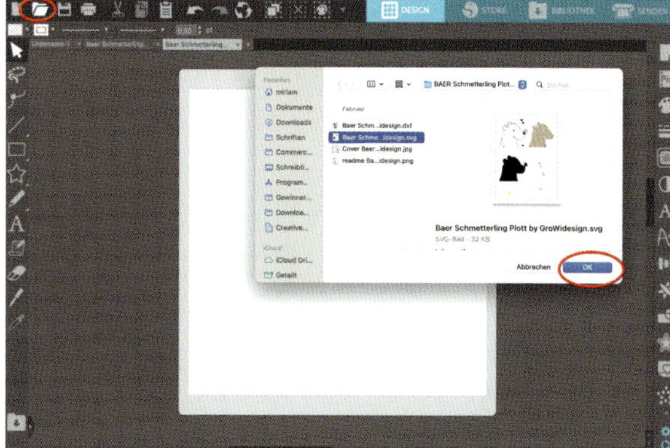

3. Das Design liegt nun auf deiner virtuellen Schneidematte und du kannst zu arbeiten beginnen.

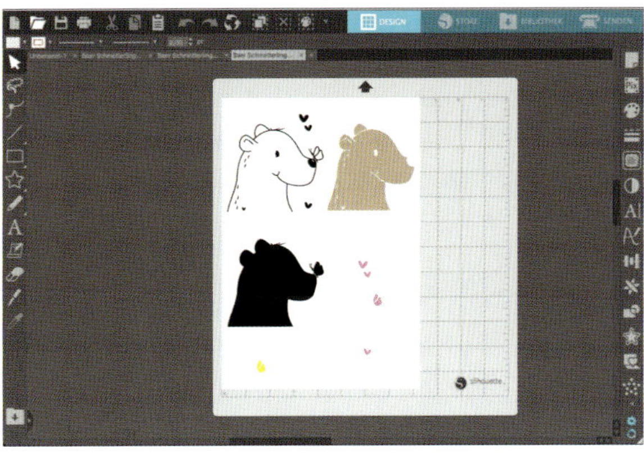

Du erkennst hier direkt den Unterschied zwischen einer .dxf-Datei und einer .svg-Datei. Bei der .svg-Datei ist es möglich, Gruppierungen, verknüpfte Pfade sowie Farbinformation mit abzuspeichern. Dies erleichtert dir das Weiterarbeiten im Programm. Wenn du dich im Umgang mit der Software nicht sicher fühlst, zahlt sich ein kostenpflichtiges Upgrade auf die Designer-Edition (ca. 25 Euro) wirklich aus.

Schnitteinstellungen finden

Gerade wenn man mit dem Plotten beginnt, stellen die richtigen Schnitteinstellungen mitunter eine Herausforderung dar. Du hast vielleicht Sorge, etwas kaputtzumachen, deine Matte zu zerschneiden oder einfach Respekt vor der scharfen Klinge. Ich kann dich beruhigen – das Ganze ist gar nicht so schwierig. Mit ein paar Kniffen findest du schnell die richtigen Einstellungen heraus oder kannst Anpassungen zu angegebenen Richtwerten finden, die für dein Gerät passen.

Bei den meisten Schneideplottern kommt es auf zwei Werte an: die Messertiefe (also, wie weit das Messer beim Schneiden aus der Halterung heraussteht) und mit welchem Druck das Messer das Material schneidet.

Als Grundregel sollte man beachten, dass das Messer so weit herausragen soll, wie das zu schneidende Material dick ist. Beim Schneiden von Folien sollte der Träger ganz leicht angeritzt, aber keinesfalls durchgeschnitten sein.

Steht das Messer nicht weit genug heraus, kann das Material nicht durchgeschnitten werden. Wird dies durch zusätzlichen Druck kompensiert, kann es dazu führen, dass sich das zu schneidende Material auf der Matte verschiebt oder zusammengedrückt wird. Ist das Messer hingegen zu weit herausgedreht, kann das Material schnell beschädigt werden oder sogar brechen.

Brother-Schneideplotter

Solltest du einen Brother-Schneideplotter der DX-Serie besitzen, brauchst du dir kaum Gedanken um die richtigen Schnitteinstellungen zu machen. Dank des Automatikmessers wird dir diese Arbeit abgenommen. Du stellst lediglich ein, ob du das Material ganz durchschneiden möchtest oder nicht (für Folien verwendest du die Einstellung »Halbschnitt«).

Die Brother-DX-Schneideplotter erkennen automatisch, wie sie das Messer optimal für dein zu schneidendes Material einstellen müssen. Solltest du mit den Schnittergebnissen nicht ganz zufrieden sein, kannst du diese aber auch individuell über den Druck anpassen.

Bei Brother-Schneideplottern der CM-Serie ist das Messer noch manuell einzustellen. Dies ist stufenlos möglich. Achte wie bereits beschrieben darauf, dass das Messer in etwa so weit herausgedreht ist, wie dein zu schneidendes Material dick ist. Die Feinjustierung erfolgt über den Druck.

Cricut-Schneideplotter

Bei Schneideplottern von Cricut werden die Messer rein über den Druck eingestellt. Im Programm Design Space findest du alle Cricut-Eigenmaterialien gespeichert. Viele dieser Einstellungen sind sehr gute Richtwerte für ähnliche Materialien. Wenn du zum Beispiel Textilfolien von POLI-

TAPE oder einem anderen Hersteller schneiden möchtest, wähle im ersten Schritt »Everyday Iron-on« aus. Je nachdem, ob du mit dem Schnittergebnis zufrieden bist, behalte diese Einstellung bei oder justiere den Druck nach oben oder unten.

Vordefinierte Materialeinstellungen im Design Space finden

Wenn du wissen möchtest, mit wie viel Druck ein vordefiniertes Material von Cricut geschnitten wird, gehe wie folgt vor:

1. Sobald du dich im Bereich »Herstellen« befindest, kannst du ein Material aus der vordefinierten Liste auswählen. Um dir alle Materialien anzeigen zu lassen, klicke auf »Alle Materialien durchstöbern«.

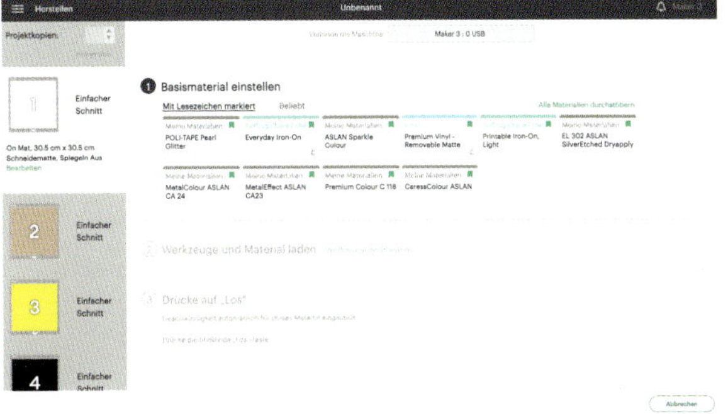

2. Klicke auf den grünen Button »Materialeinstellungen«. Es öffnet sich ein neues Fenster, in dem alle vordefinierten Schnitteinstellungen gespeichert sind.

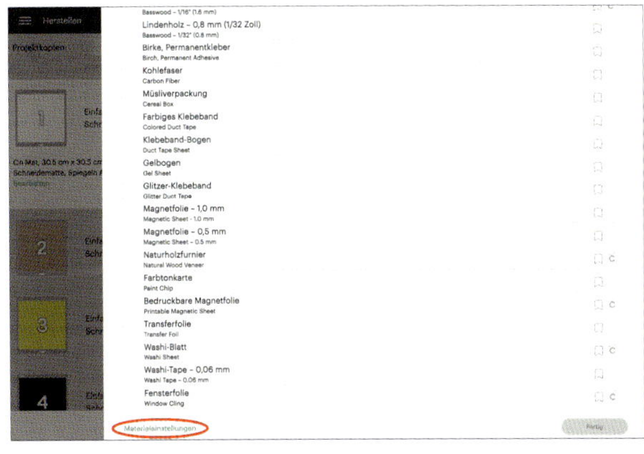

3. Suche das für dich relevante Material, damit du die vordefinierten Schnitteinstellungen sehen kannst.

   Um die Einstellungen für das zu schneidende Material anzupassen, kannst du entweder die Einstellungen direkt bearbeiten oder du erstellst ein neues Material, das du in Zukunft in der gespeicherten Materialliste finden kannst.

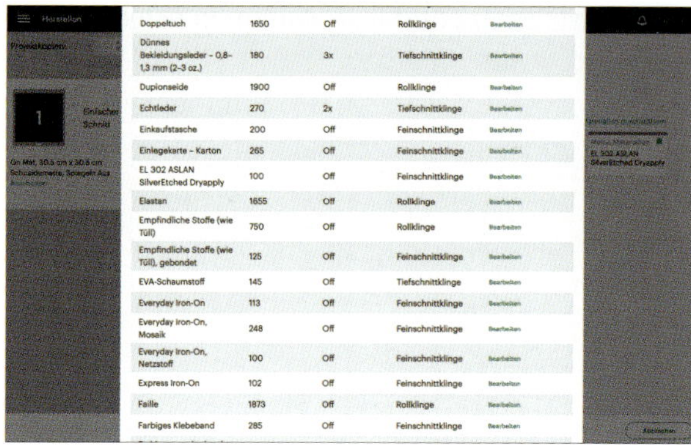

4. Ich empfehle dir, ein neues Material anzulegen. Dazu scrollst du im Fenster mit den angezeigten Schnitteinstellungen ganz nach unten und klickst auf »Neues Material hinzufügen«.

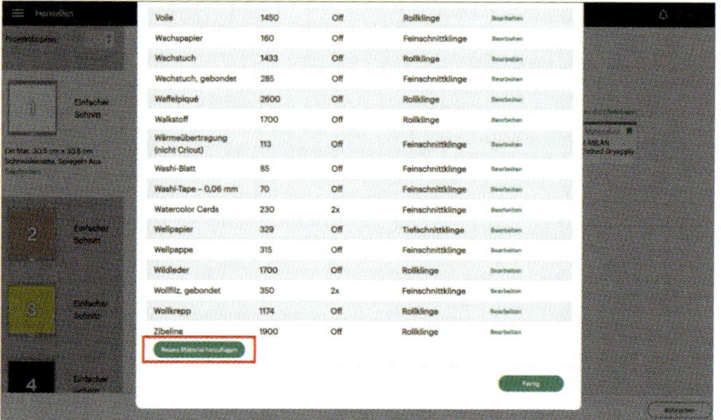

5. Benenne dein Material so, dass du es auch später leicht wieder zuordnen kannst, und klicke auf »Speichern«.

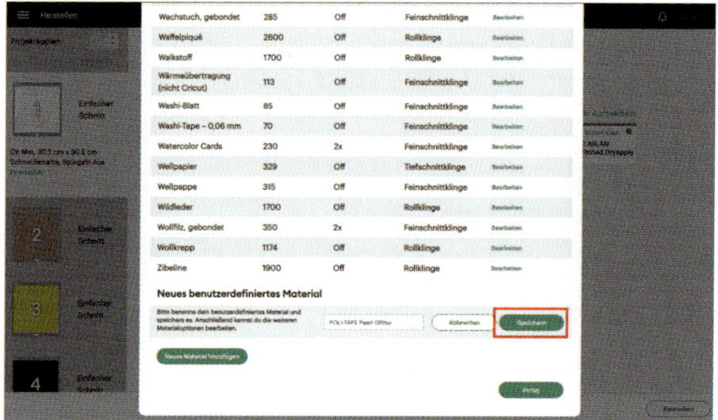

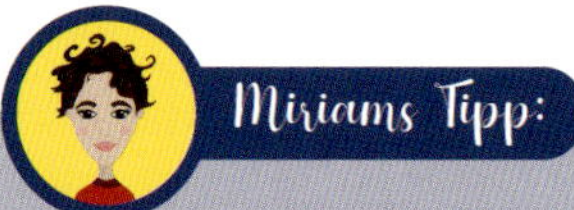

Ich speichere neue Materialien immer mit dem Hersteller und/oder der genauen Bezeichnung ab, wie »POLI-FLEX PEARL GLITTER«.

6. Dein Material befindet sich nun in der Liste und du kannst deine Einstellungen festlegen. Bestätige, wenn du fertig bist, mit einem Klick auf »Speichern«.

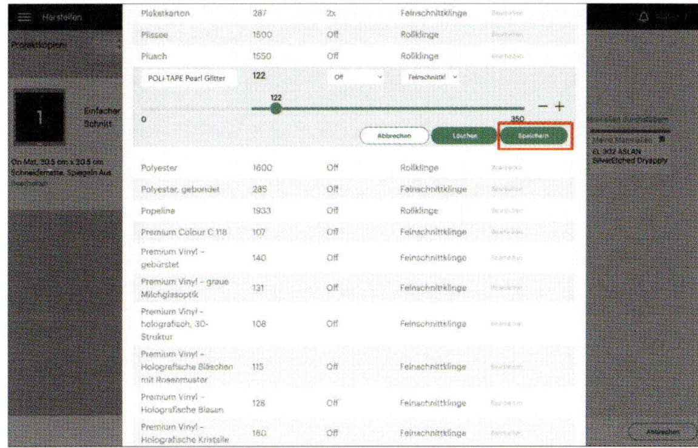

7. Scrolle noch einmal ganz nach unten und bestätige mit einem Klick auf »Fertig«.

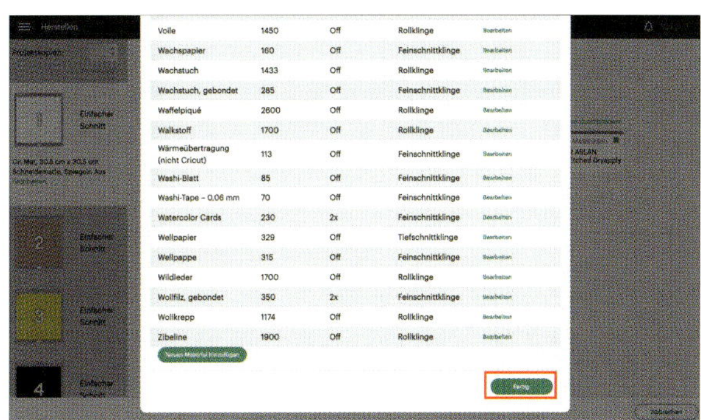

8. Du findest dein neu erstelltes Material nun in der Materialliste. Alternativ kannst du den Begriff auch im Suchfenster eingeben, um es aufzurufen und auszuwählen.

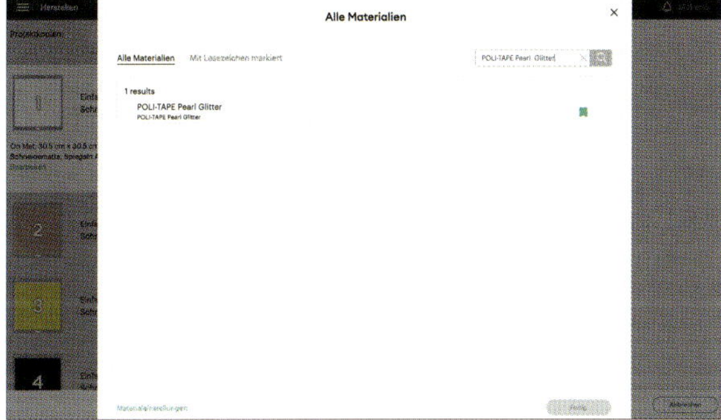

Silhouette-Schneideplotter

Bei Silhouette-Schneideplottern findest du im Bereich »Senden« ebenfalls eine vordefinierte Materialauswahl, aus der du ein ähnliches Material zu dem, das du schneiden möchtest, auswählen kannst.

Ist dein Testschnitt nicht zufriedenstellend, kannst du den Anpressdruck des Messers nach oben oder unten korrigieren (1-33). Die Messereinstellung (0-10) sollte immer erst dann erhöht werden, wenn bei maximalem Druck von 33 kein zufriedenstellendes Ergebnis zu erreichen ist.

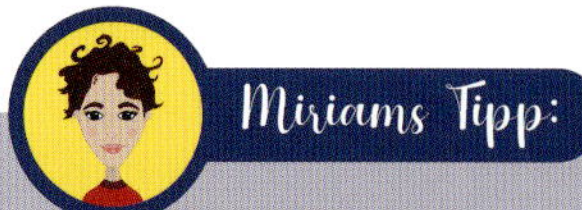

Je nach Abnutzung des Messers musst du den Druck nach einer gewissen Zeit erhöhen, um zu einem zufriedenstellenden Schnittergebnis zu gelangen.

Anhang

Plotterdateien

Sämtliche Plotterdateien stehen auf der Verlags-Webseite zum kostenlosen Download bereit und dürfen für den privaten Gebrauch ohne Einschränkungen benutzt werden.

https://www.mitp.de/out/media/0722_Plotterdateien.zip

Mustermappen POLI-TAPE

Einen Überblick über die in diesem Buch verwendeten Folien gibt die folgende Seite:

http://bit.ly/3Q6zw0f

Miriam Jug

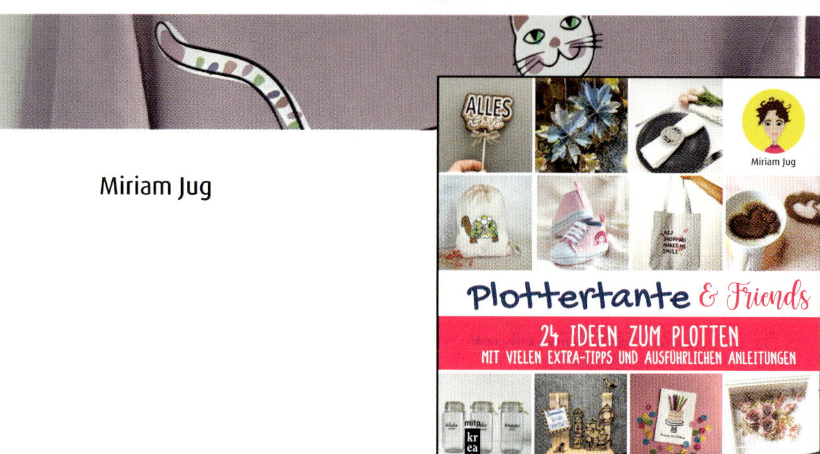

Plottertante & Friends

24 IDEEN ZUM PLOTTEN
MIT VIELEN EXTRA-TIPPS UND AUSFUHRLICHEN ANLEITUNGEN

- Kreative und einzigartige Projekte für jeden Anlass, zusammengestellt von der »Plottertante«: von Deko über Geschenke bis hin zu tollen Alltagshelfern
- Detaillierte Schritt-für-Schritt-Anleitungen mit vielen Bildern und Tipps für Anfänger und Fortgeschrittene geeignet
- Alle Plotterdateien sind kompatibel mit allen gängigen Plottern und stehen zum Download zur Verfügung

Du hast einen Cameo, Cricut Maker, Cricut Joy oder ScanNCut und suchst Ideen für tolle und individuelle Projekte wie persönliche Geschenke, Deko und tolle Accessoires?

In diesem Buch findest du eine einzigartige Sammlung von 24 Anleitungen, die zum Nachmachen und Abwandeln einladen. Hierzu hat die bekannte Plottertante Miriam mit elf ihrer liebsten Creatorinnen zusammengearbeitet. Entstanden ist eine Auswahl von vielseitig anwendbaren Projekten zum Plotten, angefangen bei der Gestaltung von Kleidung und Taschen über die Aufwertung von Alltagsgegenständen bis hin zu individuellen Geschenken und Accessoires.

In jedem Plotterprojekt spiegelt sich die Handschrift der jeweiligen Creatorin wider, was das Buch so besonders macht. Jedes Projekt ist anhand ausführlicher Schritt-für-Schritt-Anleitungen und vieler hilfreicher Bilder leicht nachvollziehbar. Darüber hinaus erhältst du zahlreiche Insider-Tipps, damit dein Plottererlebnis zum vollen Erfolg wird.

ISBN 978-3-7475-0716-2

Probekapitel und Infos erhalten Sie unter:
www.mitp.de/0716